芯　镜

——探寻中国半导体产业的破局之路

冯锦锋　盖添怡　著

机械工业出版社

本书着力阐述日本半导体产业的发展历史，解读和评析日本半导体产业近七十年之得失。同时，与我国半导体产业全面结合，对我国半导体产业发展做出系统性思考，并对发展方向和策略提出了较成体系的政策思路。本书内容安排如下：第 1 章介绍了日本从零起步，如何快速切入半导体产业，重点阐述了日本政府制定的周全的技术引进策略，以及对我国的启发。第 2 章刻画了日本半导体产业登顶的精彩历程和来自美国的组合拳打击，深入分析了日本产业布局经验，以及对我国的借鉴意义。第 3 章展现了日本半导体产业走下王座后的种种教训，以及对今天我国半导体产业发展的深刻启发。第 4 章阐述了当今世界各个半导体大国和地区从开放到局部封闭的现状，对日本半导体产业何去何从进行了探讨。第 5 章对中日半导体产业合作进行了展望。

图书在版编目（CIP）数据

芯镜：探寻中国半导体产业的破局之路/冯锦锋，盖添怡著. —北京：机械工业出版社，2023.1（2023.7 重印）
ISBN 978-7-111-72049-2

Ⅰ.①芯⋯　Ⅱ.①冯⋯ ②盖⋯　Ⅲ.①半导体工业 – 产业发展 – 研究 – 中国　Ⅳ.①F426.63

中国版本图书馆 CIP 数据核字（2022）第 214105 号

机械工业出版社（北京市百万庄大街 22 号　邮政编码 100037）
策划编辑：任　鑫　　　　　　责任编辑：任　鑫　间洪庆
责任校对：薄萌钰　王明欣　封面设计：马精明
责任印制：单爱军
北京虎彩文化传播有限公司印刷
2023 年 7 月第 1 版第 2 次印刷
148mm×210mm · 8.25 印张 · 183 千字
标准书号：ISBN 978-7-111-72049-2
定价：79.00 元

电话服务　　　　　　　　　网络服务
客服电话：010-88361066　　机　工　官　网：www.cmpbook.com
　　　　　010-88379833　　机　工　官　博：weibo.com/cmp1952
　　　　　010-68326294　　金　书　网：www.golden-book.com
封底无防伪标均为盗版　　机工教育服务网：www.cmpedu.com

前　言

　　本书的框架，酝酿于 2017 年秋天，那年那季，我虽然从体制内战略性新兴产业主管部门集成电路产业相关岗位离开，投身到了产业大潮中，但仍缺乏足够的第一线实践，因此没有进一步雕琢此书。2019 年尝试了《一砂一世界》（与马进师弟共同编著），2020 年构思了《芯路》（与郭启航师弟合著）。今天再提笔与盖添怡女士携手，《芯镜》竟成了我的芯片三部曲之收官之作。

　　我一直惦记日本半导体产业，对其兴趣，远胜对硅谷的憧憬和向往。日本半导体产业既有占据世界半导体王座七年之辉煌，亦有走下神坛打落尘埃 20 余年之悲伤。我近 20 年产业阅历，领悟到硅谷模式实难以复制，然日本模式可资学习。昨天的日本，是一手打造了曾经让美国感到深深威胁并痛下杀手阻击的庞大半导体帝国；放眼全球，日本半导体这一"舍得一身剐，敢把美国半导体拉下马"的霍霍战绩，实乃前无古人、后无来者。第二次世界大战（简称二战）后的日本，政府采取"官产学研"的运行机制，大力干预和引导产业发展，综合运用外资政策、产业政策与科技政策，学习、引进、模仿、改进美国先进技术，形成了独特的半导体技术创新体系和完备产业体系，用 30 年时间超越了美国半导体师傅，并长期主导全球半导体产业。

　　以【日本半导体】史为镜，可以知【中国半导体】产业得失。

试举一例。今天我们都在说，化合物半导体我们与全世界在同一起跑线上，其实不然，甚至谬以千里。1978 年我国科学家代表团曾访问日本，深度调研日本砷化镓、氮化镓乃至碳化硅等半导体材料及相关工艺和设备情况，日本被访企业坦言他们正全力学习吸收美国的化合物半导体技术，并在工艺和设备上都取得了部分突破。这就反映了两个事实：其一，化合物半导体乃至第三代半导体，中国与世界并不在同一起跑线，比世界先进水平少了数十年积累，咱们不能误判形势。其二，咱们的科学家早在 40 多年前就充分接触了世界前沿并进入产业化阶段的化合物半导体技术，但并没有有效地转化为我国的半导体产业实力，说明咱们之前科研、产业两个方向脱节问题很严重。

我非常急切地研究日本半导体的兴起、成长、壮大、衰落，解剖日本半导体的 70 年历史，并尽我所能地提出对我国发展半导体产业的印证建议。两国相似之处太多，譬如日本半导体腾飞的技术模式是"引进赶超"，中国今天走的也是类似技术模式；日本半导体发展模式是"民用电子带动"，中国显然亦是；日本半导体经营模式在 20 世纪五六十年代是"市场导向、国产替代"，七八十年代是"市场导向、走出国门"，在市场导向我们也是，但我们还没有走出国门的实力，我们现在定位在"国产替代"。

当年日美半导体竞争和今朝中美半导体纷争有更多迥异。

其一，日本半导体能迅速而茁壮的发展，得益于美国的主动转移；而中国发展半导体，美、欧、日、韩兴趣寥寥，甚至会予以干扰。

其二，日本是在 1985 年登顶世界半导体王座时受到美国的真正关注和严厉打压的，而今天中国距离挑战美国半导体王者地位甚远，远不是半导体强国，只能说是长期可能有这方面的潜力。当年的日本半导体对美国属于"你已经在深深伤害我，我要狠狠打击你"。今朝之中国半导体对美国属于"你有可能在未来某一天会伤害我，所以我先下手为强，狠狠揍你"。

其三，日本作为美国的战略盟友，可以在美日半导体竞争中选择低头。但中国不可能低头，因为美国认准了中国会挑战他的霸主地位，哪怕中国严正声明说没有挑战的想法，也无法消除美国对这一有巨大发展潜力竞争对手的戒备。

放眼过去，日本 70 年半导体产业一路走来，有颇多故事，有颇多可资借鉴之处。展望未来，合作则赢。这个地球上，古今中外，就是无时无刻不在合纵连横。我是微软出品《文明》游戏的粉丝，游戏中如果某个玩家自顾自发展文明树，不去与其他国家及时交换科技资源，那么时间不长科技排名一定会垫底。今天的日本依旧是半导体强国，半导体材料仍然一枝独秀引领全球，设备也处于国际领先地位，但数百种芯片产品以及制造和封装测试环节，已经有沦落到无足轻重的风险。日本半导体与谁联合，是与仍在警惕日本重新崛起挑战王座的美国，还是与拥有全球最大客户市场、人才储备和资本市场的中国，这是一个浅显的问题，但在全球地缘政治面前又是一个非常复杂和严肃的问题。

本书试图把日本半导体的发展史，分为起、承、转、合四个阶段。第 1 章：十八年"起"（1953—1972），第 2 章：十八年"承"（1973—1991），第 3 章：三十年"转"（1992—2021），第 4 章：出路在"合"（2022—）。各章又按照"国际大环境""日本小环境""日本半导体产业布局""日本半导体产业春秋""予中国之借鉴"各分五节。

在全球半导体大热的背景下，竟然找不到一本可以全面了解日本半导体历史的书籍，是极其遗憾的事情。盖添怡女士与我抱着对半导体产业的热情，来研究日本这段历史，并与中国半导体产业印证。这本书是我们关于日本半导体产业的一份综合研究成果，如有不严谨甚至谬误之处，皆归于本人能力之不足。本书引用到的全部数据材料，均来自于公开渠道，不存在未公开或不被允许公开的内容。

诺曼·戴维斯在《欧洲史》中说："能够写出的欧洲史有无数个，本书只是其中的一个。一双眼睛观察了这个场景，经过一个大脑处理后，再用一支笔把它写了出来。"这本书，是我的日本半导体简史。很高兴你们能阅读这个历史，并期待你们能在今天如火如荼的中国半导体浪潮中，从日本半导体发展史得到些许启发。

这也不只是一本日本半导体简史，本书约一半的篇幅，放在了中国半导体发展上面，照镜子的落脚点，还是需要放在正衣冠。

书名《芯镜》。

镜者，对照之意。这是本书的叙述主线，对照日本半导体产业的发展，找差距、补不足，实现以人为镜可以知得失的目的，同时与《芯路》以史为镜的方式形成承接转合。

镜者，亦取心境之意。作为半导体产业中人，首要便是摆正心态，理性看待中国在世界的定位。现在很多思潮都觉得中国半导体企业遍地开花，似乎没有做不了的半导体领域，这并不理性，协作共赢才是发展之路。

镜者，静也，宁静以致远。半导体产业不是一蹴而就的事业，更不是一拥而上就能成功的，要静下心来，耐得住寂寞，才能迎来春暖花开。

　　镜者，竞也，在竞争中砥砺前行。

　　本书适合对半导体产业有兴趣的学生、学者、产业政策制定人员、半导体从业人员参阅，也适合对全球半导体地缘政治化大背景下中国半导体何去何从感兴趣的更广泛人群阅读。

目 录

第 1 章

十八年"起"（1953—1972）

**二战后日本人有强烈的目标感：
他们亟需一场战后废土中的复兴。**

外部条件也相对有利：1950 年朝鲜战争爆发后，美国开始扶持日本。日本陆续引进了美国最新的晶体管和集成电路技术，打下了日后向世界半导体王座发起冲刺的扎实基础。

1.1　国际大环境

二战后，美国基于对抗苏联的需要，对日本采取了全面经济援助和扶持的姿态，这是日本经济复苏的极端有利外部条件。

1.1.1　置之于死地

1945 年，日本战败后，其经济直接进入休克状态。导致的原因包括但不限于：

● 剑走偏锋的资金支出结构。1945 年日本军费预算 850 亿日元，占国家财政支出的 85%；1944 年生产了 158 万吨船舶、28392 架飞机。**为了炼钢造战争机器，日本把公园的栅栏和井盖都拆走了，老百姓家里的门板都被征用拿去造飞机。**极大地扭曲了正常的经济结构。

● 战争对城市基础设施的摧毁。1945 年 2 月，美国对日本东京进行了首次大规模燃烧弹攻击，投下了 19 万枚燃烧弹，造成约 10 万人死亡，近 41 平方千米被彻底焚毁，东京约有四分之一被夷为平地。

● 工业被战争拖垮极度衰退。1945 年 4 月，日本针对国内的经济状况进行了一次大规模的调查，结果显示经济濒临崩溃：军工民用企业连续减产，钢铁月产量已不足 10 万吨，船舶总吨位已不足 100 万，石油储备只剩 40 万吨。

面对满目疮痍的废墟，日本国内的工业企业或关门或濒临倒闭。正如同前述，日本二战期间 85% 的财政支出用于军费预算；相对应地，日本大部分大型工业企业，主要产品和产能也几乎都集中在军工产品上。企业是经济的基本细胞，在二战结束的那一瞬间，日本的工业经济几乎在一瞬间清零，大型工业企业一脸茫然：接下去该做什么产品？民用技术从哪里获取？资金哪里来？去拓展哪里的市场？

- 三菱重工（MITSUBISH）。二战期间是飞机、坦克、军舰等的主要制造商。日后，1976 年成为日本五大芯片制造商之一；1990 年成为世界第七大半导体企业。

- 川崎重工（KAWASAKI）。二战期间是飞机、军舰等的主要制造商。日后，成为全球工业机器人巨头，包括集成电路制造过程中的晶圆搬运机器人。

- 日立（HITACHI）。二战期间生产军舰、坦克、军用飞机发动机及其他零部件。日后，1976 年成为日本五大芯片制造商之一；1990 年成为世界第三大半导体企业。

- 松下电器（PANASONIC）。二战期间生产无线电收发报机和几乎所有军用通信设备的整机和部件。日后，1990 年成为世界第十大半导体企业。

- 东芝（TOSHIBA）。二战期间，东芝主要生产雷达、特种电子管等半导体设备。日后，1976 年成为日本五大芯片制造商之一；1990 年成为世界第二大半导体企业。

- 日本电气（NEC）。二战期间和住友电气共同生产雷达、无线电话、电子管等电子与半导体设备。日后，1976 年成为日本五大芯片制造商之一；1990 年成为世界第一大半导体企业。

- 尼康（NIKON）。二战期间生产军用的望远镜、瞄准仪、测距仪、航空照相机、潜望镜。日后，1984 年成为全球技术最先进、规模最大的光刻机制造商。

1.1.2 "抗苏援日"的机遇

二战后，美苏进入相互对峙的冷战时期。日本所处的位置，属于东北亚海上扼守苏联通向太平洋的门户，美国控制了日本就等于扼住了苏联向太平洋投射地缘影响力的脉门。因此，日本成为美国海外驻军数量最庞大的国家，直接成为美国在亚洲对抗苏联的第一阵地。

美日关系就变成了两个矛盾体的结合："敲打"与"培育"。

基于历史的教训，美国需要全天候地监管压制日本。

基于现实的威胁，美国又需要保护和扶持日本。

到今天为止，驻日美军还同时承担着这两大任务。但这两大任务，在历史上的不同时期优先级和侧重点并不相同。在二战结束初期冷战尚未形成的数年，苏联对美国的威胁并不严重，美国对日本以监管打压为主，保护扶持为辅。在 20 世纪 50 年代初美苏呈现博弈对抗，美国迅速将日本定位为遏制苏联等战略对手的桥头堡，随着 1951 年《日美安全保障条约》的缔结，驻日美军的主要任务实际上已由监管压制日本转变为保护扶持日本。

美国之所以敢放手扶持日本，一个重要原因是驻日美军享有不受当地法律管辖的特权，与美国在欧洲驻军需服从所在国法律迥异。在这个背景下，美国认为取得了对日本的可靠控制力，这

与同为二战战败国的德国相比差异较为明显。在这种特殊的保护方式下，美国在二战后向日本提供了大量援助，使得日本得以在20世纪50年代初经济和社会即进入了相对良性循环的轨道，直至50年代末完全恢复到二战前水平。

在国际经济中，美国不遗余力地帮助日本加入重要的国际组织。

1952年7月，日本政府正式提出加入关税及贸易总协定（GATT，即WTO的前身）的申请，但遭到了全世界声势浩大的反对，美国最铁杆的盟友英国更是针对日本提出了修正案："如果某加盟国家以大量出口的攻势搅乱市场（Market Disruption），那么其他国家可以夺回该加盟国家以往通过GATT取得的利益。"GATT成员为了一个拟加入国家改变基本规则，这在历史上是绝无仅有的。但在美国的支持下，仅仅三年后的1955年6月，日本还是如愿踏入了GATT的大门。当然，此时欧洲各国（以英国、法国、意大利、西班牙为代表）并没有放弃强烈反对日本加入的立场；在此背景下，日本被迫接受与欧洲各国互不适用GATT条款的约定。与之相对比，中国从1986年申请加入GATT一直到2001年才正式加入WTO，总共历经了15年的时间，可见20世纪50年代美国对日本扶持之坚决。

GATT在日本战后的经济恢复和腾飞中起到了极大的推动作用。首先，在冷战背景下，多边自由贸易环境弥足珍贵。其次，冷战时期的政治需求往往超越对经济利益的诉求，经济规则从属于政治权力规则，日本在GATT框架下有了从头号技术大国获取最新技术授权和合作的畅通渠道。最后，在美国支持下，日本政府在经济中扮演较为强硬的角色，在产业中表现为对半导体等新兴产业的保护，在贸易中则表现为以保护国内产业为己任的战略贸易政策。

1.1.3　美国向"军"，日本向"民"

半导体因军事需求而生，美国在半导体技术出现后的近 20 年时间里，着重在军事领域发展半导体技术。

1947 年，贝尔实验室发明了晶体管，它的出现大大改善了美国电子计算机开发项目（受美国陆军资助，用于计算大炮发射路径）。此后，美国军方持续资助贝尔实验室晶体管技术研发，其资助金额高达贝尔实验室同期晶体管研究费用的 38% ~ 50%。据公开报道，美国国防部 1954 年单年度用于半导体技术研发的经费，超过了日本政府 1954—1974 年向半导体产业累计提供的全部资金。相关资料显示，直到 20 世纪 60 年代，**美国 80% 的芯片产品由国防部采购**。在这个时期，"民兵"导弹、阿波罗导航计算机以及作战飞机数据处理器三大工程，带动了美国半导体产业的飞速发展。到 20 世纪 70 年代，美国半导体年产出超过 40% 仍用于军用，此后逐步实现从军用向民用的过渡。当然，美国半导体向"军"有其客观原因，苏联卫星发射、核威慑等一直是悬在美国上方的"达摩克利斯之剑"，国防需求具有无可争议的紧迫性。

日本当时根本不存在军民路线选择问题。在美国的（军事）监管控制和（经济）保护扶持下，日本不能也无需将最先进的技术用于军事现代化。基于此，日本全力将从美国获取的晶体管技术和集成电路技术用于发展民用产品，并不费吹灰之力用晶体管收音机、黑白电视机等家用电子产品迅速占领了美国市场，成为20 世纪七八十年代的全球电子产品霸主。

从集成电路品种来看，日本以民用为主的经营战略，表现为比较偏重 MOS 型集成电路。与双极型集成电路相比，MOS 型集成电路的制造工艺比较简单，比较容易提高集成度，成本也比较低；但缺点也明显，对电气冲击抵抗弱，开关速度较慢，不太适用于国防用途。美国半导体企业由于国防采购为主的订单，对 MOS 型集成电路兴趣寥寥，而日本半导体企业则从民用电子产品的角度着眼，抢在美国同行之前实现了 MOS 型集成电路的量产应用，其 60 年代的典型应用是个人计算器。

1.1.4 日美第一次半导体摩擦

日本人的学习能力是极强的。

二战后日本在多个行业取得了长足的发展，甚至达到了"青出于蓝，而胜于蓝"的境界，表现非常抢眼。**从美国视角来说，美国与日本的师徒关系，颇有些"教会徒弟、饿死师傅"的味道。**

美国对日本纺织、钢铁、家电产业的三次贸易战

在 20 世纪 80 年代美日半导体战争之前，美国已经向从废墟里爬起来的日本发起了三次贸易战：

第一次贸易战（1957—1972 年），美国要求限制日本毛织品及其制品出口。日本为保护国内的纺织企业，全方位利用美国把军事、政治利益放在优先于经济利益位置的这一事实，进行了顽强的抵抗。美日第一次贸易战最终以日本"自愿限制出口"的妥协而告终。

第二次贸易战（1968—1978 年），是关于与汽车、家电制造息息相关的钢铁。日本钢铁业遭到美国钢铁行业工会的强烈阻击，最终以日本"自愿限制出口"的妥协而告终，日本钢铁产业在 10

年内被迫 3 次自主限制对美出口。

第三次贸易战（1970—1980 年），是家电行业。日本家电行业在 20 世纪 70 年代后期接棒钢铁行业，巅峰时对美出口占彩电出口的 90%，囊括美国三成市场份额。最终以日本"自愿限制出口"的妥协而告终。

美国培植韩国作为日本半导体产业的备胎

美国对日本工业不时超越自己、总是"按下葫芦又起瓢"的状况，感受非常深刻。因此，从战略上考虑，美国在向日本转移军民两用半导体技术的时候，绝不会无视日本在半导体行业超越美国的可能性。事实上，美国为了培植能制约日本制造业的备胎国家，已经在 20 世纪 60 年代开始大力扶持日本邻国韩国的工业发展。其中，对于半导体产业，则是在 20 世纪 70 年代向韩国进行产业大规模转移倾斜，并在 80 年代末发挥巨大作用，有效地削弱了日本半导体产业对美国的压倒性竞争优势，成为此后韩国崛起与日本衰落的重要伏笔。

日美第一次半导体摩擦（1959 年）

日本只用了不到 10 年的时间，就让美国晶体管制造企业诚惶诚恐，深切地感受到日本晶体管制造企业的凌厉市场攻势。1959 年，美国半导体晶体管企业以国家安全为由，向政府提交了请愿书，寻求美国政府向日本施压，要求日本政府限定日本晶体管企业出口的最低价格指导价，削弱日本企业在美国市场的竞争力。

日本政府给予了快速响应，推动日本晶体管企业组建了出口卡特尔联盟，共同约定提高出口销售价格，自觉降低产品在美国的竞争力。

日美第一次半导体摩擦以美国技术出现革命性突破而结束。

20世纪60年代初期，美国半导体产业开发了集成电路（IC），它在单个芯片上构建了由晶体管和二极管等电路元件组成的整个电子电路。在此之前，这些元件都被封装为分立的电子元件，日本已经在这些电子元件领域实现了优异的可靠性和卓越的性价比。

美国集成电路产品面世后，全球晶体管作为一个产业很快被边缘化。这时候，日本晶体管无论价格多么便宜，都变得相当过时了。

来自日本的半导体威胁消退了。

日美第一次半导体摩擦还有一些其他的效应。面对美国的政府压力，以及对学习、吸收集成电路新产品的渴望，日本在60年代后期开始，加快取消了各种正式和非正式的半导体贸易壁垒。

知耻后勇，日本70年代中期组织了大规模的集成电路联合攻关。

1.2 日本小环境

1.2.1 经济振兴的良好条件

- 人才团队完整

二战后，日本大量人才得以保留，这些人才成为重建企业和产业的关键。

- 经济体系完整

战争只是摧毁了有形的工厂、银行、学校，却没摧毁日本在工业体系、教育体系等方面的无形优势。

- 劳动力充裕

日本在战后出现了婴儿潮，进而在 20 世纪六七十年代转化为劳动力，这是日本经济腾飞的基础保障。

- 日本政府的经济政策比较给力

1956 年，日本制定了"电力五年计划"，进行以电力工业为中心的建设，并以石油取代煤炭发电。大量原油从国外进口，大大促进了日本炼油工业及其下游工业的发展，推动日本经济不仅完全在二战后复兴，而且进入部分领域引领世界的新阶段。在这期间，日本出现了"三神器"，即电视机、洗衣机、电冰箱，这些都是之后半导体产品的使用大户。

1.2.2 坚实的国际合作基础

日本企业向来有向先进学习的优良传统和实践经验。长期与国际知名的大型企业合资合作以获得技术知识，为此后的半导体产业崛起奠定了国际伙伴特别是美国伙伴的基础。包括：

- 日本东芝与美国通用电气结盟

1905 年，东芝前身之一的东京电气向美国电气寻求资金和技术合作。**东京电气付出了 51％股权的代价，得到了美国电气灯泡制造技术**，以及其提供的设备和现代化预算、财务制度。美国通用电气在 1910 年发明了钨灯丝，东京电气很快就应用上了该技术，进而在 1929 年发明了双灯丝灯泡、磨砂灯泡，这两款创新产品在全球使用了近百年。

1910 年，东芝的另一个前身芝浦制作所仿制出进口发电机，但发现自己的仿制产品仍落后于美国，于是选择与美国通用电气结盟。**在付出 25％股权的代价后，芝浦制作所得到了通用电气的**

相关技术。

1939 年，东京电气和芝浦制作所合并为东京芝浦电气（东芝），美国通用电气拥有 33% 的股权。双方在二战中中止了股权联系，但在 1953 年重新恢复，美国通用电气仍持有东芝 24% 股权。

- 三菱电气与美国西屋电气结盟

三菱电气（Mitsubishi Denki）1921 年从三菱造船厂（现为三菱重工）分拆出来。1923 年，三菱电气向美国西屋电气出让 10% 股权，得以从美国获得先进技术。

- 富士电气脱胎于德国西门子

1923 年，日本矿山大王古河矿业发起，与德国西门子组建合资企业富士电气。西门子占合资企业 30% 股权，同时也是合资企业初期主要的技术来源。

- 日本电气原本就是美国西部电气发起设立的

日本电气（NEC）创始人是美国西部电气（Western Electric）在日本的销售代理岩垂邦彦（Kunihiko Iwadare）。1898 年，美国西部电气为彻底打入日本市场，主动邀请岩垂邦彦组建了合资企业 NEC，其中美国西部电气占 54% 股权，岩垂邦彦占 33% 股权。NEC 不仅吸收了美国西部电气的先进技术，还全力模仿其会计制度和工作管理方法。

其他日本知名企业与国际大企业也多少有很强的技术合作纽带。

日立则是少有的另类，在内部倾向于进行逆向工程法研发。日立在二战结束前都没有与任何外国企业结盟，但它早在 1918 年就成立了研发事业部，1934 年成立了内部实验室。日立这种趋于自我独立的研究文化，在 1999 年与 NEC 成立合资企业尔必达时，与 NEC 的外部合作文化形成了剧烈的冲突。这种发自文化和理念层面的冲突，则是尔必达未能成功的重要原因之一。

1.2.3　万能的通产省

日本通产省（Ministry of International Trade and Industry，MITI）是一个神奇的存在，在国际上享有"万能的通产省"之称。2001 年通产省改名为经济产业省（Ministry of Economy，Trade and Industry，METI）。大家通常认为通产省更像是日本众多财阀之财阀，是主导日本经济的"日本株式会社"。

通产省一直都致力于做日本产业发展的"顶层设计者"，在日本从低谷走出来进入发达国家行列的进程中扮演了重要角色。通产省负责主管日本的产业政策、贸易政策、通商外汇、工业技术、商业流通和中小企业振兴，以及矿产、电力、煤气及热力供应事业，还有工业标准、计量、工业设计和情报服务等。如果做一个粗略比较的话，日本通产省其时的管理职能相当于中国的国家发展改革委、工业和信息化部、科技部、商务部和国家能源局的复合体。

日本既不同于西方市场经济国家，又有别于计划经济国家，一直实行"政府干预的市场经济"。在这种模式下，日本取得了远高于西方国家的经济发展速度。日本经济从 1945 年战败后百废待兴，经历了高速成长时期，到 1968 年一跃成为世界第二大经济体，仅用了 23 年时间，被公认为是世界经济奇迹。此后，日本特殊的发展模式被东亚各国和地区争相效仿，特别是韩国，也创造出了包括半导体在内的工业奇迹。

哈佛大学查莫斯·约翰逊（Chalmers Ashby Johnson）教授曾任美国日本政策研究所所长，他概括提出了日本发展模式的概念。他认为，实际上是日本政府主导培育了产业的发展；与之相对应地，在西方经济中，政府只是扮演了游戏规则制定者的角色。他坚信是日本特有的发展模式推动了日本产业结构的巨大变化，换言之，查莫斯·约翰逊教授认为是日本政府特别是通产省创造了日本经济奇迹。他在《通产省与日本奇迹——产业政策的成长（1925—1975）》一书中总结了日本模式能成功的四大要素：

其一，规模不大而又具备高级管理才能的公务员队伍。

其二，公务员队伍拥有足够空间实施创新和有效办事的制度。

其三，顺应市场经济规律的国家干预经济方式。

其四，具备一个像通产省这样的导航机构。

在二战后30年的黄金发展时期，通产省通过制定产业政策，利用财政、税收、金融等手段，成功地推动了日本钢铁、造船、半导体等基础工业的高速发展，而这些基础工业的建立又带动了日本经济的发展。日本实现了从劳动密集型产业向资本技术密集型产业的过渡，在产业升级的过程中实现了经济的稳定增长。

通产省是日本技术立国战略的强推者。日本政府持续支持技术创新和研究开发，提高日本的技术创新能力和经济竞争力。在技术立国战略的推动下，日本的汽车、家用电器、造船等传统工业以及半导体、电子终端、机器人制造、高端装备、高端材料等新兴领域的技术水平有了极大的提高，跻身为世界一流的工业化国家，并使得日本迅速成为一个新兴的世界技术创新中心。

1.3　日本半导体产业布局

1.3.1　全方位引进半导体技术

美国人在 1947 年发明了晶体管技术，日本工业界在 20 世纪 50 年代初将引入美国晶体管技术作为自身发展的首要目标。然而，日本缺乏直接从美国获得最新技术文献的渠道。东京大学名誉教授田中正治（Shoji Tanaka）是日本半导体的先驱之一，他认为当时要了解技术前沿非常困难："我几乎买不起国外的学术期刊，当时很难有机会看到新出版的《物理评论》（*Physical Review*），因此很难接触新发明的晶体管技术。可能东京大学的图书馆里也没有，只有在盟军总司令部图书馆那里可能获得最新的外国学术期刊。所以，我找机会去了那里，并通过手工抄录来复制它们。"

日本人清醒地意识到，其时日本和美国之间的技术差距有天壤之别，当时有人将之比喻为日本传统体育运动相扑中最低等级与最高等级之间的鸿沟。在这种心态下，**日本人非常虚心地去美国取经，积极主动创造各种学习机会，包括但不限于几乎每家大型工业企业都与美国领先的半导体制造商签订了技术引进合同。** 例如，东芝和日立与美国无线电（RCA）签署了技术协议，索尼与美国西部电气签署了专利协议。

日本通过三种途径从美国如饥似渴地学习半导体技术：

- 签订技术合同，按合同派遣工程师赴美轮训

日本各家半导体企业争相通过向美国合作伙伴企业派遣自己

最优秀的人才来获取技术。其中有个杰出的代表，是索尼负责晶体管开发的负责人岩间和夫（Kazuo Iwama，1976年成为索尼总裁），他长途跋涉到美国西部电气，进行了详细的技术调查，并制作了仔细的报告，在索尼内部被称为"岩间报告"。

日立则安排武藏工厂总经理宫城清一赴美学习半导体技术。**宫城清一擅长素描，非常仔细地收集了半导体制造每一步的草图，包括材料和零件，甚至工人的动作，以使企业同事更容易理解和掌握。**宫城清一的每份报告由约30页A4纸组成，所有15份报告至今仍然保留着。此后，这种调研风格成为日立商务旅行者的特征。

日本半导体企业向美国派遣的工程师，停留时间从几个月到长达一年不等，在从美国到日本的技术转让中发挥了极其重要的作用。

- 参加学术会议，了解最前沿的技术进展和产品思路

在半导体技术出现初期，几乎所有的学术会议均由美国发起和主导。其中，国际固态电路会议（ISSCC）被称为"半导体的奥运会"，是半导体技术的综合论坛，有数千名参与者展示最前沿的半导体电路和相关产品。1954年美国举办了国际固态电路会议第一次会议；虽然是国际会议，但除了主办方美国之外，只有一名来自日本的与会者和一名来自加拿大的与会者。在同一时间，国际电子器件会议（IEDM）启动，这是一个以半导体器件和工艺技术为中心的会议组织，与国际固态电路会议一起成为半导体领域的两大会议之一。

日本半导体企业对与新兴半导体技术相关的学术会议非常敏感。日本半导体企业高管和工程师们充分意识到这些学术会议上

各种信息的价值，蜂拥参加。来自日本的参与者热衷于尽可能多地获取信息，尽可能靠近演讲台，手持摄像机拍摄。因此，**出现了一个西方世界眼里很奇怪的场面，就是每当一张技术幻灯片出来时，黑暗的会议室就会响起许多快门的声音。这很快引发美国参会者的不满；日本参会者在经常被警告中"屡教不改"，继续顶着压力"拍照取经"。**日本很多工程师在这些会议上得到了最初的启蒙，譬如他们在学术会议上第一次听到 LSI（大规模集成电路）这个词，会在第一时间反馈到日本，推动日本的研发。

1960 年，三菱电机的技术经理去美国访问，带回一块集成电路样品。三菱电机立即在企业里组成开发小组，凭借一块样品、匮乏的资料和在美国拍摄的少数几张照片，开始研制集成电路，并于第二年试制成功，仅比日本政府下属的工业技术院试制成功的集成电路样品晚几个月。

● 向美国大学大量派遣留学生研习半导体技术

20 世纪 60 年代，日本半导体企业均建立了内部制度，通过补贴费用等方式来鼓励员工出国留学，特别是前往美国斯坦福大学。在半导体技术发明的初期，创业的企业家大半是科学家，他们中多半又是大学的教授。

从某种意义上说，斯坦福大学扮演着硅谷大脑的角色。

斯坦福大学拥有约翰·林维尔（John Linville，创业家，教授半导体电子学，门下弟子在硅谷开展事业的多达数千人）、约翰·亨尼斯（John Hennessy，教授芯片工程，RISC 计算机处理器体系结构发明人，此后任斯坦福大学校长）、约翰·莫尔（John Moll，教授电子工程，早期硅谷的众多半导体技术来自其团队）、杰拉尔德·皮尔逊（Gerald Pearson，教授电气工程，半导体材料专家，热敏电阻发明人之一，太阳能电池发明人）等半导体先驱。当时，晶体管发明者威廉·肖克利（William Shockley）也在斯坦福大学设有办公室。斯坦福大学电气工程系由约翰·林维尔担任系主任，他在全球高校电气工程系中率先将课程重心从真空管转移到半导体。

日本人的做法是非常理性和实用的。**美国大学在半导体前瞻性研发方面发挥着重要作用，企业与大学一起参与联合研究项目，日本派遣到美国大学的留学生，为日本掌握第一流的半导体技术，进而在产品上打败美国同行奠定了扎实的理论基础。**

1.3.2 两次出手取得美国基础专利

在《芯路——一书读懂集成电路产业的现在与未来》（后文简称《芯路》）一书里，笔者提到了集成电路最重要的两大基础发明专利：一是集成电路专利，另一是集成电路内部连接专利。1958年，德州仪器的杰克·基尔比（Jack Kilby）发明了锗集成电路，企业宣称研制出了一种比火柴头还小的半导体固态电路，并于1959年2月申请了专利。仙童半导体的罗伯特·诺伊斯（Robert Norton Noyce）虽然在1958年晚些时候发明了硅集成电路，但他直到1959年7月才申请专利，比基尔比晚了半年。法院后来裁定，集成电路发明专利属于杰克·基尔比，而集成电路内部连接技术专利属于罗伯特·诺伊斯。

日本通产省两次出手，取得了集成电路最重要的两项基础专利授权。

其一：

1962年，仙童半导体来到日本，准备在日本投资生产晶体管和集成电路产品；如顺利，仙童半导体将在日本快速实现生产和销售。但另外一个显而易见的事实是，如顺利，这种模式下日本企业可能再也没有机会从集成电路行业分一杯羹。基于此考虑，日本通产省并没有支持仙童半导体的日本投资事项，或者说想方设法阻止了仙童半导体的这一投资行为。在被迫无奈之下，仙童半导体只剩下向日本同行企业出售技术这一唯一选项。最终 NEC 买下了集成电路内部连接技术专利，并成为日本唯一获得技术许可权的企业。NEC 还需要向仙童半导体支付销售收入的 4.5% 作为特许使用费，但补偿是 NEC 有权向日本其他企业提供收费再授权服务。

其二：

1964 年，美国德州仪器也来到日本，准备在日本设立独资子公司生产集成电路产品。日本通产省基于集成电路发明专利属于杰克·基尔比在德州仪器职务发明这一事实，非常担心德州仪器设立独资企业后再也没有意愿向日本企业转让集成电路发明专利，导致日本企业无法进入集成电路产业。显而易见，日本通产省否决了美国德州仪器的独资案。德州仪器立即通过美国政府向日本政府施压；此时 NEC 挺身而出，因为它拥有仙童半导体在日本的独家授权，从而公开质疑德州仪器在日独资项目侵犯了 NEC 获得的专利授权。最终，德州仪器不得不让步，NEC 一次性向德州仪器缴费，取得其专利使用权；而日本其他任一企业都有权支付销售额的 3.5% 使用德州仪器的专利。作为对德州仪器让步的补偿，日本通产省同意其与索尼组建一家各占 50% 股权的合资企业以拓展日本业务。

日本政府两次通过贸易保护政策，为本国企业取得了集成电路产业最为基础，也是最为核心的两项专利的使用权。二战后的日本，就这样通过反复限制国外直接投资，迫使国际技术巨头为了进入日本市场而别无选择，只能与日本企业合资合作，或者通过转让技术受益，最终结果都使国外先进技术流转到日本企业手中。

1.3.3　用最强力量攻最需要的产业

笔者在《芯路》一书中曾描述韩国政府的做法。韩国政府主动出击，安排、调度、刺激国内四大骨干企业——三星、金星社（LG 前身）、现代（海力士半导体前身）和大宇，在 20 世纪 70 年代到 80 年代，倾力发展半导体产业。这种进攻型集中扶优策略，成效显著，在极短时间内实现了韩国政府壮大产业的目标。

其实，韩国政府也是学师于日本政府 20 世纪六七十年代的经验。日韩的共通之处就是，倾向于用最强的力量，去拓展国家最需要的产业。我之所以要在前文罗列二战结束前日本的若干个大型企业，特别是简洁标识这些企业在二战后日本半导体版图中的定位，就是这个原因。我想让大家有一个印象，就是**日本半导体产业的主体力量，就是在日本政府近百年来长期支持下的大型工业企业**。这与美国模式形成鲜明的反差对比。美国半导体的主要企业，与半导体技术出现前的洛克菲勒、通用汽车、通用电气、波音等全无紧密联系。也许这就是原创国家和跟随国家的一大区别。

除了发动最有实力的大型工业企业攻克半导体产业目标外，日本政府在技术研发上也投入颇多，并且有一个清晰的演进过程。

日本政府为强化技术行政体系，于 1948 年成立工业技术厅，隶属于通产省，将政府 13 个研究机构归属其下，包括 1882 年成立的地质调查所、1891 年成立的电气试验所等。1952 年工业技术厅改名为工业技术院（AIST），经费完全由政府提供，员工具有公务员资格。工业技术院一方面负责通产省产业技术政策的规划与行政管理任务，另一方面经由所属研究所发展民生产业技术，包含标准研究及制定、国家研发计划推动、技术服务提供，在不同领域与产业界密切合作，推动产业技术研发与应用。工业技术院早期以发展应用技术为主，20 世纪 80 年代以后，由于日本产业技术研发水平已大幅提升，遂逐渐转型至以基础性、独创性技术研发为主。

工业技术院主要职责为推动日本整体产业技术发展，是日本半导体综合技术研发的来源之一。2001 年起，隶属于原通产省的工业技术院改制为独立行政法人"产业技术综合研究所"，不再隶属经济产业省。

1.3.4　阻击美国保护新兴半导体产业

由于日本半导体产业发展相对美国而言起步略晚，日本政府从半导体发展的开始阶段就对其实行了严格的国际贸易保护。包括：

● 限制半导体产品的进口，设立高关税，对半导体具体产品设定进口数量限额，颁发许可证。

● 限制外国企业在日本建立半导体独资企业和控股企业。

● 限制外国购买日本半导体企业。

● 设置外国半导体企业进入日本市场的软壁垒。即使允许外国半导体企业进入日本，也会要求以专利和技术援助为条件。

虽然日本政府奉行自由贸易政策，但是在本国半导体企业技术上没有形成竞争力时，则坚决地实行贸易保护主义。**1970年以前，日本只允许进口极少数的半导体品种**，直到日本半导体有了一定的发展，具备一定的竞争能力后，这种保护才解除，逐步允许半导体产业实行贸易自由化，并逐步放开外国直接投资。

从另一方面看，日本新兴的半导体产业尽管有政府的扶植、保护，还有金融财团的支持，但在其发展初期仍在一定程度上陷入内外交困的境地。研制费用高，材料、设备昂贵，生产经验不足造成低成品率，在半导体产业初期都是极大的挑战。日本企业基本上都是从美国同行取得专利授权，需要向美国企业按销售收入比例支付专利费，显著提高了半导体产品的成本。从这个角度，就能解释**日本半导体产业为什么都是大型工业企业卷起袖子下海，也许只有这样才能在初期通过转移其他主营业务的丰厚利润来解决半导体业务的入不敷出**。

美国德州仪器进入日本是适应日本贸易保护的经典案例。

20世纪60年代初，世界第一大半导体企业美国德州仪器提出要在日本设立子公司。日本政府是又惊又喜。惊的是，如果允许德州仪器进入日本，处于摇篮期的日本半导体产业肯定不是对手，将会迅速被扼杀在摇篮里。喜的是，这是一次全面取得德州仪器半导体专利授权和全面技术工艺的好机会。

1966年，日本政府建议德州仪器将设立独资子公司的诉求调整为与日本企业组建合资企业，并要求同时以适当价格公开德州仪器集成电路产品构造的基本专利。

1968年，德州仪器最终接受了日本政府的专利开放换合资企业的交易条件，与索尼设立合资企业。

1971 年，德州仪器收购了合资企业中索尼持有的全部股权，实现了十年前设立独资企业的初衷。而无论是索尼，还是日本政府，已经从德州仪器获益良多。

日本政府半导体产业保护政策取得了显著成效。由于日本对半导体新兴产业的严格保护，大幅抑制了美国企业在日本半导体市场上的销售份额。**1975 年之前，世界前三大半导体企业德州仪器、英特尔、仙童半导体均为美国企业，美国企业在美国拥有 98％的市场份额，在欧洲拥有 78％的市场份额，但在日本只有约 10％的市场份额，日本国内其余 90％均被日本企业所瓜分，这是日本政府，特别是通产省强力贸易保护政策的功劳。**

1.4 日本半导体产业春秋

1.4.1 晶体管传奇（索尼）

1950 年，日本东通工株式会社（索尼前身）井深先生在美国杂志上看到了贝尔实验室发明晶体管的报道。他的第一反应是：

"这种东西能有市场吗？"

"很难想象它能有什么发展前景。"

两年之后，井深先生给自己安排了一次美国商务考察，当时考察任务中并不包括晶体管技术。也许是缘分，在美国期间，有一位当地朋友主动找上门来，表示美国西部电气愿意向其他企业转让新获得的晶体管专利。晶体管技术虽然是由贝尔实验室肖克利博士、巴丁博士、柏来顿博士联合发明的，但专利权当时掌握在贝尔实验室的母公司西部电气手里。井深立即意识到，"**这就是**

我们企业成立的初衷，就是要做（日本）大企业都做不了的新技术！"

1953 年，东通工最终以 900 万日元（约 2.5 万美元）的价格从美国西部电气引进了晶体管技术。这对东通工而言是绝对的高价，但在市场上是一个真正的低价！要知道肖克利最初研发晶体管时，贝尔实验室连续砸了 2.23 亿美元（用于 1948—1957 年的研发和优化，其中美国军方承担了近 40% 的费用）。

当时，晶体管制造的原材料利用率只有 5%，即使在美国也只能用于不计成本的国防领域，民间只有助听器这么一个狭小的应用方向。这一美国技术拥有的商业应用机会看起来不是太多，也许这就是当初东通工能够以"较低"价格拿到授权的主要原因。

但是，东通工要制造美国人都没研制出来的晶体管收音机！

"正因为原材料利用率特别低，我们才值得干。原材料利用低，只要将利用率提高就可以了，又不是其他什么不可克服的困难。"

这就是东通工，这就是两年后的索尼。

东通工借助晶体管技术，在 1955 年发布了第一款袖珍收音机 TR-55，使用了索尼商标。1958 年企业也正式更名为**索尼**，从此成就一代传奇电子企业。

因索尼对技术的不懈追求，诞生了隧道二极管。

当索尼在全球首次研制出晶体管收音机时，它面对的是诱人的蓝海。仅仅三年后，日本乃至美国的模仿者蜂拥而至，索尼的晶体管收音机已处于惨烈的价格大战之中，远远不及当初刚推出时独步天下的幸福时光。索尼没有纠缠于价格战，而是迅速将重心从原先的中波收音机转移到短波和调频收音机上。然而挑战来了，如何研制出可靠的短波晶体管，还有调频用的高频晶体管呢？索尼技术负责人江崎玲于奈（Leona Esaki，后任日本筑波大学校长）经过研究发现，只要将原材料磷的浓度控制在特定值以下即可生产出合格的晶体管，他由此发明了隧道二极管。

隧道二极管，又称为江崎二极管，它是以隧道效应电流为主要电流分量的晶体二极管。隧道二极管是人类进入电子时代后的一项伟大发明，是半导体历史上的重要里程碑。为此，发明人江崎玲于奈获得了 1973 年诺贝尔物理学奖。

1960 年，索尼意识到基础研究对企业发展半导体产业的重要性，决定设立索尼中央研究所。研究所的目标，是围绕 10～20 年后的半导体技术趋势，以及半导体及其周边学科进行前沿研究。索尼总部本身有一个技术开发部门，**但索尼理性地认识到（基础）研究与（技术）开发并不是一回事（这一理念在今天看来仍是非常精辟的，对中国科技政策和产业政策有很大启发）**，因此刻意将索尼中央研究所设立在与总部有一定距离的地方。索尼中央研究所的研究人员有极高的自由度，重视自由远胜过重视传统。研究所流行的说法包括："你有了好主意，为什么不干？你尽管干好了。""领导研究开发的人不能与企业一般的研究人员一样总待在研究所里，应该到外面去走走，多与外面的人吃饭，在吃饭中了解外部的动向。领导人就是需要把从外部了解到的情况应用到研究开发中去。"

1974 年以后，在第四任所长领导下，索尼中央研究所攻克了 CCD（电荷耦合器件）半导体技术，奠定了索尼此后 30 年图像传感领域芯片之王的技术基础，再次印证了研究所着眼于未来基础技术的正确性。

就在攻关 CCD 的同时，索尼放弃了 MOS（金属-氧化物-半导体）技术这一研究方向，这决定了索尼在今后的将近 50 年时间内，在功率器件上几无建树。CCD 与 MOS 架构相似，这是鱼与熊掌不可兼得，还是错失了一个巨大的市场呢？

1.4.2 日本之光（东芝）

东芝是日本现代化的全程见证者。

日本东芝前身工业制造所创立于 1875 年，正是日本明治维新时期，是打开国门，如饥似渴学习西方技术、积极推广现代化的时代。1904 年，工业制造所更名为芝浦制作所株式会社。1939 年，芝浦制作所与另一家企业——东京电气合并成为"东京芝浦电气株式会社"，即"东芝"。

东芝在历史上创造了众多的日本第一和全球第一：日本第一个电灯泡、第一台晶体管电视机、第一台电冰箱、第一台 DVD 播放机等，以及全球第一台笔记本电脑、全球第一台彩色视频电话机等。东芝在鼎盛时期，经营范围涵盖制造、发电、核能、半导体、基建、家电、计算机、家电等诸多领域，跨度极大，是全球最大的综合工业企业之一，曾位居半导体制造企业全球前五、医疗器械厂商全球前三、综合电机制造商日本第二，堪称"日本之光"。

世界上第一台笔记本电脑

资料来源：日本东芝网站

1985 年，日本东芝设计制造了世界上第一台真正意义上的笔记本电脑 T1100，这也是世界上第一款与 IBM 台式机完全兼容的笔记本电脑。

1.4.3 日本头号半导体企业（NEC）

NEC（日本电气）是半导体历史上非美国企业雄踞世界半导体第一宝座时间最长的企业（1985 年至 1991 年，连续七年）。

NEC 成立于 1899 年，由岩田邦彦等人发起，与美国电气合资设立，是日本第一家外资合资企业。企业名称寓意为"渴望成为能代表日本的电气企业"。

1928 年，NEC 发明了"NE 型照片传输设备"，是现代传真机技术的雏形。该发明也奠定了日本企业多年垄断全球传真机市场的基础。

1963 年，NEC 获得美国仙童半导体关于平面连接基础专利在日市场的排他性授权，解决了集成电路制造生产的问题，其生产效率突飞猛进，为日后连续七年成为全球半导体霸主打下坚实基础。

1964 年，NEC 卫星通信技术成功应用于日美之间的卫星中转。此后，NEC 的微波和卫星通信技术在世界范围内取得了很大进步。

1977 年，NEC 小林会长在美国国际通信大会上，在全世界第一次提出计算机通信（Computer & Communication）的概念。这是一项伟大的创新，小林会长成功地预测到未来的互联网时代。

在日本半导体的全盛时代，NEC 在半导体方面是日本头号企业，在计算机方面则是日本四强之一（富士通、日立、NEC、日本 IBM），同时也是日本最大的通信设备企业。

1.5　予中国之借鉴

1.5.1　消化吸收也是一种能力

从日本引入美国晶体管技术，从而踏上半导体康庄大道的历程看，日本企业非常善于学习和模仿，也就是我们常说的消化和吸收。如果说美国企业善于从 0 到 1 的原始创新，那么日本企业就是从 1 到 10 的顶尖高手。

在模仿美国晶体管的初期，日本也是困难重重。日本国家电气实验室组建了晶体管研究小组，专门从事晶体管技术研究，由日本东北大学、物理化学研究所、海军技术研究所、东芝、NEC、日立等单位组成。实验室经过两个月的反复试验，却无法重现贝尔实验室的晶体管电流放大现象。分析原因，发现实验室当时能买到的硅纯度只有 90%，而美国同行已经在使用纯度为99.9999999% 的超高提纯硅。这时候，为了实现半导体技术的突破，材料、设备的问题就出现在眼前。这大概是日本后来拼命发展半导体材料和装备的初心所在。

即使是模仿复制高手的日本，在晶体管上也没有取得真正的突破。日本多个团队分别成功制造出完整的晶体管实验样品，但即便如此，这几只晶体管距离能实际使用还有很远的距离。日本众多企业不得不从美国企业购买晶体管技术，美国出售方包括美国西部电气、美国通用电气、美国无线电、美国西屋电气。

日本国家电气实验室晶体管研究小组核心人员菊池诚（Makoto Kikuchi）后来指出："有人说晶体管只是一项借来的技术，从我自己的经验看，如果能把晶体管仿制出来，这本身就是一项了不起的成就。"

到了 20 世纪 70 年代末，日本仿制水平已经远不是 50 年代末的入门级阶段，已经进化到仿制产品与自我技术开发相结合的齐进阶段，特别是器件产品制作方面有许多独立于美国同行甚至超越美国同行的新设想。不少日本半导体企业能自豪地提到某个技术是从美国引进的，但经过改良后已经向美国大批量出口。

对中国来说，原创是重要，但学习世界成熟工艺和产品也很重要。如果能学会世界成熟工艺，本身就是中国综合能力较强的标志，也能带动材料、装备的发展。

1.5.2 政府主导技术方向宜慎之又慎

在全日本上下，索尼最早认识到晶体管技术的重要性。**1953 年就远赴美国，与晶体管专利持有者美国西部电气洽谈技术转移事宜。要知道，日本绝大部分大型企业直到 1955 年才意识到晶体管技术对整个电子产业的重要性**，纷纷向美国企业寻求技术转让；而这些大型企业之所以认识到这一点，也多是受索尼巨大成功的启发。**1955 年有什么特别呢？** 这是索尼发布全球第一款晶体管收音机的年份，是成就一代传奇电子企业的第一年。回头看，**索尼 1953 年之举，对全日本半导体产业的启蒙，意义重大，但这一行动却差点被通产省扼杀！**

日本政府其时实行外汇管制，间接地控制着日本企业与国外的技术转让业务。基于此，索尼要想从美国西部电气获取晶体管技术，必须获得日本通产省的批准。然而，日本通产省完全不支持索尼的这一决定，主要基于以下四个原因：

- 通产省第一次听说晶体管，不认为有什么发展前途。

- 外汇有限，好钢要用在刀刃上，没必要用在小企业索尼身上。

- 如果晶体管技术真的重要，也应该由有实力的大型企业提出来，由它们来引进，如此才能够更迅速地消化吸收；但没有一家大型企业主动找通产省谈过晶体管技术引进事宜。

- 索尼太小了，才 100 多名雇员。

索尼花费了 6 个月的时间，用于拜访和说服通产省的各级官员，最终拿到了通产省的批文。

难以想象，如果没有索尼，没有索尼利用晶体管技术开发出的世界第一款半导体收音机，世界半导体技术迈向消费类应用的路会被延迟多久（美国初期一直以军用为主，直到 20 世纪 60 年代半导体产品大部分供应给国防和政府采购）。**如果没有索尼这么一个小企业率先行动，日本的众多大型企业会在什么时候才能醒悟过来，发现晶体管技术的巨大商业价值，进而实现 20 世纪 80 年代的半导体登顶。**

盛田昭夫（Akio Morita）是索尼联合创始人，被誉为"日本经营之圣"，也是美国《时代周刊》评选的 20 世纪 100 年间全球 20 位最有影响的企业家之一。他曾表达了他的看法："有些人似乎认为通产省是日本电子工业的大恩人，其实不然。"言下之意，通产省经常凭他们并不科学先进的判断，可能阻碍了日本电子工业的发展。

对中国来说，大到中长期规划、五年规划、三年行动计划，小到一个领域的专家评审遴选会，政府官员和政府领导下的机构，对全球技术发展的走向判断，宜慎之又慎。**我们在梳**

理需要大力发展的技术方向时，应避免陷入今天主流的技术就是未来主流的技术的简单陷阱，要尽可能地给开创性的新技术一个口子。毕竟，不起眼的新兴技术，无论是新材料、新结构或者新工艺，也许正在某个角落里诞生，应该允许甚至鼓励企业去探索、尝试。

第 2 章

十八年"承"(1973—1991)

一路上升，

这 18 年，是日本半导体的发展期、上升期、登顶期。

直至极致，

1991 年，全球十大半导体企业，日本企业占据六席。

至阳则阴，

1991 年，是日本半导体连续七年占据王座的最后一年。

2.1 国际大环境

2.1.1 日本悄然无声的赶超

1973 年,第四次中东战争打响,石油危机爆发,全球经济放缓,美国工业生产下滑了 14%。彼时的欧美,自由市场经济重获主导,哈耶克自由主义开始盛行,极力推崇私人企业制度和自由市场经济。之前盛行的凯恩斯主义,反对自由放任,提倡政府引导投资,强化对经济的干预。美国各半导体企业本身就高度依赖国防采购和政府采购,在自由市场经济思潮下,盈利受损,受市场所限,放缓了对新技术的投资。直到 20 世纪 80 年代初,美国都一直在与自家的通货膨胀做斗争。

1980 年到 1990 年,作为传统制造业向互联网黎明转折的关键十年,美国突然发现自己所主导的科技世界已经失去了核心的话语权。当汽车、电力、稀有材料和娱乐发展到无线电的前沿时,美国的各个高精尖领域已经四处可见日本企业的影子。其中,1985 年广场协议签订前,日本的汽车已占据了美国市场份额的 25%,而美国汽车仅占日本市场份额的 1.5%。

据公开数据显示,1970 年到 1985 年,富裕后的日本开始向全球投资。1985 年,日本对外投资额占到了全球跨国投资总额的20% 左右,而美国却因自身的经济问题,从全球跨国投资总额的54% 逐渐萎缩到了 15% 左右。

在美国因为经济问题而陷入焦头烂额的那几年,日本经济的强势随着美元的不稳定导致在美国内部爆发了强烈的反日情绪,

"Japan Bashing"（打击日本）成了美国人的高频词。当年强势的美元使得许多国防产品的部件生产被转包给日本企业，日本高技术制造业快速渗透到美国国防工业，最终引发了美国政府对国家安全问题的担忧。

1985 年是美日在半导体产业的重要转折点，当时的科技领域，在半导体技术的发展下已经让 PC（个人计算机）市场的未来渐渐明朗——得标准者得天下。而当时，美国的唯一对手只有日本。

1989 年 12 月 29 日，随着日经指数达到最高 38957.44 点后的瀑布式崩盘，日本彻底退出了与美国的 PC 话语权之争，而半导体产业也自此开始走下坡路。而美国在 PC 话语权上的胜利，为美国开创了信息时代的绝对主导地位，攒下了 30 年辉煌的最优沃土。

2.1.2 美国对韩国的 "偏爱"

韩国在半导体市场的崛起，除日本在 "日美半导体战争" 中的战败因素外，也和早年美国在 20 世纪 60 年代就布局韩国有关。公开资料显示，1961 年朴正熙发动军事政变后，曾按照韩国国情开展了经济开发五年计划和新村运动，并结合相关企业基础，在与美国的合作中使得韩国的农业和工业得到了快速的发展。其中，1962—1996 年间，韩国政府制定的七个五年计划中，第 1~4 个称为 "经济开发计划"，第 5~7 个称为 "经济社会发展计划"。而这些集中力量办大事的动作，让韩国得以在历史潮流中，抓住了美国扶持韩国对抗日本的初心。

韩国的半导体产业虽大，但韩国所能从事的半导体工作也仅限 DRAM 存储芯片市场。1989 年，美国将 Windows 系统确定为世界 PC 标准，并快速通过扶持英特尔掌控 PC 处理器 X86 架构的绝对话语权。1992 年，三星凭借 64MB DRAM 芯片成为当时内存芯片的龙头企业。三星在半导体产业崛起后，也曾一度面临美国发起的反倾销诉讼。危急时刻，三星掌门人李健熙利用美国对"日本玩火"尚未消除的恐惧，派人游说美国政府说："如果三星无法正常制造芯片，日本企业垄断市场的趋势将更加明显，竞争者的减少将进一步抬高美国企业购入芯片的价格，对于美国企业将更加不利。"于是，**美国人仅向三星收取了 0.74% 的反倾销税，而对日本企业则最高收取 100% 的反倾销税。**

1990 年，美国是全世界最大的电子消费市场，日本和韩国都十分依赖美国进口他们的芯片产品。美国对韩国的偏爱让韩国在半导体产业的崛起有恃无恐。

2.1.3 美国钓鱼执法自造"珍珠港危机"

20 世纪 80 年代初，美国一手炮制了两起"钓鱼执法"，并把这两起事件上升为日本半导体产业对美国半导体产业的"珍珠港偷袭"。

1981 年 11 月，日立派遣高级工程师林贤治赴美搜集美国科技企业的最新技术动向。在美国联邦调查局（FBI）的特意安排下，林贤治结识了假扮成"IBM 高级经理"的 FBI 探员，林贤治向其提出重金购买 IBM 最新产品的资料和技术信息。就在林贤治拿到资料，以为如愿获得 IBM 最新半导体技术时，被预谋已久的 FBI 当场抓了个现行。

在同一天，FBI 在旧金山国际机场截住了日本三菱工程师木村也，他正带着购买的一份 IBM "高级技术资料"准备回国。

美国在全球各大媒体大肆渲染上述两起事件，称之为"日本

美国截获日本工程师新闻报道

资料来源：媒体公开报道

工业间谍想要窃取美国最先进的计算机技术""20 世纪最大的产业间谍事件"，表示日本的行为对美国硅谷的冲击不亚于 40 年前对珍珠港的偷袭，并将其称之为"新珍珠港事件"。美国还进一步动用法律手段，在日本逮捕了东芝半导体两位高管。这数起事件后，日本半导体及计算机行业大受打击。

日立、三菱最终接受美国派人入驻企业进行商业督查，这种派驻商业督查的做法，在 30 年后的中国中兴通讯事件中又一次重演。

2.1.4 美国发动美日半导体战争

在 20 世纪 80 年代中，美国苦日本久矣。

具体到半导体产业，在日本半导体产业强势崛起的阴影下，美国芯片企业兵败如山倒，财务数据就像融化的冰淇淋，一塌糊涂。1981 年，美国 AMD 净利润下降三分之二，美国国家半导体陷入亏损。1985 年，英特尔缴械投降，宣布退出 DRAM 存储芯片业务，上市以来首次亏损；在英特尔最危急的时刻，如果不是 IBM 施以援手，这家芯片巨头很可能会倒闭或者被收购，美国半导体产业史也可能因此改写。

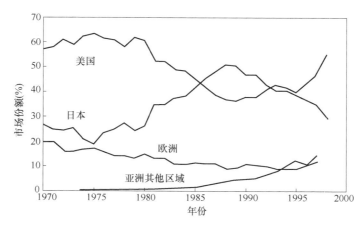

美日半导体战争前后产业变迁示意图

数据来源：日本半导体工业研究会，2000

　　1985 年，美国、日本、联邦德国、法国以及英国在纽约广场饭店举行会议，达成五国政府联合干预外汇市场，诱导美元对主要货币的汇率有秩序地贬值，以解决美国巨额贸易赤字问题的协议（即《广场协议》）。**联邦德国、法国和英国都参与了《广场协议》的签订，其表面是解决美元定值过高而导致的巨额贸易逆差问题，但其最重要的结果是打击了美国的最大债权国和产业竞争对手日本。**现在普遍认为，日本政府当时是发自内心接纳《广场协议》，因为日元升值，有利于日本以更便宜的价格在国外买买买。事实上日本、德国也正是从 80 年代中期开始进行国外扩张，这是《广场协议》的一大结果。然后，《广场协议》对产业特别是对半导体产业的深远影响，日本是"猜到了故事的开头，却没有猜到故事的结局"。协议大幅削弱了其制造产品的国际竞争力，在资本市场空前繁荣的同时，却是实体经济国际竞争力的快速滑落。

　　同年 6 月，美国产业界也纷纷出击。半导体企业借助舆论造势，状告日本半导体企业的不正当竞争，将威胁美国国家安全。次年年初，美国裁定日本 DRAM 芯片存在倾销行为，需对日本企业征收 100% 的反倾销税。年末，双方签订《日美半导体协议》，内容主要包括三方面：

　　1）日本承诺增加从美国进口半导体产品。

　　2）日本承诺减少对美国的半导体产品出口。日本承诺记录芯片成本，不得低于成本价销售。

　　3）日本承诺强化知识产权保护，有效保护美国企业专利。

　　这一波行云流水的操作，**美国树立了"样板工程"：将产业弱势升级到国家安全威胁层面，再依托自身强大的国力取得**

胜利。

5 年后《日美半导体协议》即将到期。1991 年 3 月，美国参议院国际贸易委员会、财政委员会，就《日美半导体协议》举行听证会。美国和日本其时正在就一项新的半导体协议进行谈判。

民主党参议员马克斯·鲍卡斯在听证会的开幕致辞，深刻地表明在《日美半导体协议》执行了 5 年后，美国仍然视日本为半导体的最大威胁。他说，美国的国家安全既取决于能出口多少产品，也取决于有能力投放多少炸弹。美国在与苏联的军备竞赛中已经大获全胜，但**在与日本和德国的经济竞赛中，美国竟然仅仅并驾齐驱，因此美国安全面临严重问题，美国只有处于核心产业（国防、金融、芯片）对其他国家具有碾压优势时，才会真正安全**。鲍卡斯更是明说，就在 1980 年前后，美国还是世界半导体设计和制造领域无可置疑的领导者。但这种情况已经彻底改变了；从 1980 年到 1989 年，美国在世界半导体市场的份额从 57% 下降到 35%。与此同时，日本的份额从 27% 上升到 52%。美国在世界市场上的份额继续以每年 2% 的速度萎缩。1980 年，世界五大半导体设备企业都是美国企业，现在前五家企业中有四家是日本企业。

从美国人的视角，美国为什么会在日本面前丧失半导体领导地位？美国人承认日本企业一直非常勤奋，投入了大量资金进行技术开发，也进行了卓有成效的创新。但美国人将美国半导体企业的竞争困境，更多地归罪于日本企业的掠夺性贸易行为。

美国人坚信，是日本的封闭半导体市场带来了最大的问题。

20世纪70年代，日本许多将美国拒之门外的配额和正式壁垒已经不复存在，但其非正式的壁垒依然存在。因此，美国在日本市场的份额远远落后于美国在其他竞争激烈的区域市场的份额。例如，美国在欧洲芯片市场的份额是42%，而美国在日本的份额只有12%。这非常重要，因为**日本在1990年前后是世界上最大的半导体市场（这点与2020年前后的中美市场规模情况类似）**。1989年，日本的计算机芯片市场总值230亿美元，而美国的市场总值179亿美元。

美国人认为，日本封闭的国内市场还允许日本企业在国内赚取利润，以支持被称为国外倾销的掠夺性销售。20世纪80年代中期，美国企业受到日本倾销的沉重打击。美国商务部"发现了"许多日本企业倾销的案例，结果造成1985年和1986年DRAM存储芯片领域的八家美国企业中有六家被迫退出了DRAM市场；对于另一种EPROM存储芯片，美国商务部选择征收高达180%的关税，为美国企业创造可行的竞争环境。

美国相信，1986年《日美半导体协议》直接推动了日本半导体的外国市场份额已从1986年的8.6%增加到1990年年底的约13%；如果没有这个协定，情况会糟糕很多。同期日本在美国的份额在21%左右，其他国家制造商大约在7%的水平。虽然有了《日美半导体协议》，但美国仍以日本违反市场准入规定为由，于一年后的1987年，根据301条款，对日本实施了长期贸易制裁，并将外国在日本半导体市场份额超过20%，作为解除制裁的主要条件。

从1986年到1996年的这十年间，《日美半导体协议》对日本的半导体产业产生了什么影响呢？

● 外资半导体在日本的市场份额

在协议期内的十年中，外国半导体企业在日本的占有率大幅提高。1986 年份额不到 10%，1988 年达到 10%，1992 年超过 20%，2000 年进一步超过 30%，2002 年超过了 35%。日本政府在增加外国半导体产品在日本市场的份额方面发挥了关键的作用，他们充分利用自己的行政权力，鼓励日本用户使用外国产品。

● 防止倾销

按照《日美半导体协议》约定，日本存储芯片需要在最低价格以上销售。众所周知，**摩尔定律一直在有力地发挥作用，芯片产品永远处在快速贬值的道路上。因此，最低价约定，实际上是套在日本半导体产业上最可怕的绞索，美国只要将调整日本芯片价格的节奏放慢一些，日本芯片产品就会在市场上毫无竞争力。**而韩国制造的存储芯片被认为是与日本产品品质类似或质量略低一些的替代品，并且可以自由设定价格（一般是选择更低的价格），因此在数年时间就扩大了在世界市场上的销售，几乎完全替代了日本在 DRAM 存储芯片市场上的统治地位。

2.2　日本小环境

20 世纪 70 年代初到 90 年代初，日本经济的整体辉煌，是日本半导体全球登顶的背景板和可靠保证。

根据相关资料统计，在 20 世纪六七十年代，日本工业生产值每年平均增长 16%，国内生产总值每年平均增长 11%，在 1968 年超过了联邦德国，成为仅次于美国的资本主义世界第二大经济强国。

在国家层面，日本黄金储备在 1986 年居世界第二位；在企业层面，**美国媒体统计的世界排名前 30 名规模企业中，日本占据了 22 家**。更为惊叹的是，日本不止是在总体上取得如此骄人的成绩，即便在人均统计指标上依然表现亮眼。1988 年，日本人均收入高达 1.9 万美元，比当时的美国还要高 1000 美元。

2.3 日本半导体产业布局

2.3.1 技术立国：官产学研闷声追赶

20 世纪 70 年代中，日本野村综合研究所在一份报告中第一次提出了"技术立国"的口号。日本通产省在 70 年代末公布了《80 年代通商产业政策构想》，确立了技术立国的经济发展战略，并明确技术立国不是否定贸易立国，而是贸易立国的继续；通过技术立国战略，发展自己的技术，提升企业的竞争力，从而推动贸易立国战略的实施。此时，日本已建立了"政府、企业、高校、研究机构"一体化的产业发展制度，采取了闷声追赶的"举国模式"。

日本要举国重点攻克的领域，正是半导体。

1976 年，日本正式启动实施"超大规模集成电路（VLSI）计划"。日本政府出资 320 亿日元，富士通、日立、三菱、NEC、东芝五大半导体企业联合筹资 400 亿日元，官、产联合设立了国家级项目"超大规模集成电路（VLSI）技术研究所"。日本通产省调动国内半导体最强的三大研究机构（电气技术实验室（EIL）、电子综合研究所、计算机综合研究所）参战，开启了一场蔚为壮观的技术大攻坚。日本大型企业展现出了空前的团结，攻坚体系由6大实验室组成：

- 日立主管第一研究室，负责研制电子束扫描装置和微缩投影紫外线曝光装置。

- 富士通主管第二研究室，负责研制可变尺寸矩形电子束扫描装置。

- 东芝主管第三研究室，负责研制电子束扫描装置与制版复印装置。

- 电气综合研究所主管第四研究室，负责硅晶体材料研究。

- 三菱电机主管第五研究室，负责生产工艺与投影曝光装置。

- NEC主管第六研究室，负责产品封装设计、测试、评估研究。

对半导体关键技术难点，日本各企业像《流浪地球》里对地球发动机的饱和式救援一样，开启了"饱和式攻坚"：多个实验室群起而上，以各单位的竞争保证研发成功率。对研究所和五大组成企业不擅长的技术和模块，VLSI项目积极加深与民间研发机构的合作，既优化了自身资源利用率，又充分活跃了日本产业界投身半导体研发的氛围。例如，拥有光学设备加工技术优势的理光和佳能、拥有平版印刷技术优势的大日本印刷和凸版印刷等企业都曾以此方式参加了VLSI项目。唯一遗憾的是，可能由于本身工业体系足够完备，也可能由于日本经济体系的封闭性，这些工作没有邀请任何国外机构和企业加入；在集成电路工业越来越精密的未来，这种闭门攻关风格反而成为荷兰阿斯麦光刻机逆袭日本的一个重要原因。

VLSI 项目成果惊人。

VLSI 项目开启的第 4 年（1980 年），在美国惠普对 16KB DRAM 内存的竞标中，日本 NEC、日立和富士通完胜美国英特尔、德州仪器和莫斯泰克，美国最佳投标企业 DRAM 的不合格率比日本最差投标企业的产品高出了 6 倍。日本已累计取得上千件专利，一下子缩小了和美国的技术差距。期间，日本政府推出贷款和税费优惠等措施，日立、NEC、富士通等企业一时间兵强马壮，弹药充足。一座座现代化的半导体存储芯片制造工厂在日本拔地而起。随着生产线日夜运转，日本人向全球半导体市场发起了饱和攻击。

VLSI 项目开始的第 6 年（1982 年），日本成为全球最大的 DRAM 生产国。

VLSI 项目开始的第 9 年（1985 年），**日本 NEC 登上全球半导体厂商第一，并连续 7 年稳坐头把交椅。同年，美国英特尔在来自日本厂商的巨大竞争压力下，连续关闭 7 座工厂，裁员 7200 人。这家在 1974 年时全球 DRAM 芯片市场占有率最高的半导体巨人从此告别了 DRAM 芯片业务。**

2.3.2　高度重视材料和装备自主研制

20 世纪 50 年代，日本引入晶体管技术，半导体产业逐步崛起。1954—1969 年是日本半导体硅材料发展的起步阶段，应用领域从整流器、二极管延伸至晶体管和集成电路。日本一方面引入国外先进技术，另一方面专注本国技术开发研究，涌现了一批诸如大阪钛技术、日亚化学、日本金属电子、信越化学等从事硅材料开发的企业。

大阪钛技术成立于1952年，1973年与住友金属工业合资建立九州电子金属，从事硅片加工业务，引入西门子的区熔技术及设备。同年，小松电子金属出资建立专门从事硅片加工的九州小松电子金属。

1978年，日本金属电子的硅材料业务移交至日本硅材料，也就是后来的三菱硅材料株式会社。

1985年以后，日本钢铁企业开始进入半导体硅行业，新日铁成立了日铁电子，川崎制铁、日本钢管先后收购了美国NBK硅片和大西方硅。

1999年，住友金属工业株式会社、三菱材料株式会社和三菱硅材料株式会社合资成立了具有12英寸硅片生产能力的硅晶圆联合制作所，2002年从住友金属工业收购硅片业务，并与三菱材料硅业合并，2005年正式更名为三菱住友株式会社（SUMCO）。2006年，三菱住友收购日本小松金属制作所后，市场份额进一步扩大。

以开发VLSI为契机，日本半导体产业逐步实现了设备与材料的国产替代。半导体材料方面：

- 松下电工，半导体塑封料、PCB基板材料。
- 三菱化学，光学膜、记录材料。
- 日立，异方性导电胶膜（ACF）。
- 住友电工，挠性印制电路板（FPC）。
- 旭化成，光掩模。

- 凸版印刷,光掩模。
- 大日本印刷,光掩模。

日本半导体设备的崛起离不开政府的大力支持,VLSI项目启动之初,日本半导体产业仍然依靠从美国、欧洲进口设备。后期随着项目推进而逐步转向国产设备和材料,通过芯片企业与相关设备生产企业配合,共同研发,形成制造和设备生产技术的良性融合,在使用过程中及时反馈设备使用情况,共同制定设备改进方案,有效促进了高性能生产设备的研发进程。**VLSI项目从启动到结束时,日本半导体设备国产化率从20%提升到了50%以上。这一过程中,日本逐步构筑了"材料-硅片-设备-制造"等环节的完整的半导体产业链条,并培育了诸如尼康、佳能等光刻机设备厂商以及三菱住友、信越化学等一批半导体材料企业。**日本成为全球最大的半导体材料输出地,同时半导体前段工序、检查工序、后段工序各种设备被日本、美国、欧洲瓜分。如果将阿斯麦看作美国控制下的企业,那么全球半导体设备几乎被日本和美国平分,且日本在渗透率和总体规模上还超过了美国。

2018年,日本在半导体设备各个细分方向的市场占有率如下:

- 涂布显影设备93%
- 热处理设备49%
- 清洗设备67%
- 扫描电镜74%
- 探针94%
- 切片机89%
- 研磨设备99%

● 测试仪 50%

2.3.3　以国内市场换短板技术不能停

在 20 世纪 60 年代到 80 年代的 20 年间，日本为了打破美国电子制造商在半导体和计算机行业的全球主导地位，树立了巨大的正式贸易壁垒，通产省建立了成体系的国内市场保护策略，并对日本主要电子产品制造商进行全面研发支持。

当时，美国政府和产业界并不认为日本的保护主义能够帮助日本取得电子技术和产业的成功，因此直到 80 年代中期，美国并没有采取特别强硬的反击措施。在此背景下，美国半导体龙头企业在实际操作中，只能顺应日本政府和日本产业界的保守环境，努力地用美国的领先技术换取进入日本市场的机会。

从摩托罗拉的经历能看到，美国半导体龙头企业当年如何"屈服于"日本以市场换技术的战略布局，不得不与日本大型企业捆绑，并且毫不保留地贡献出自己独有的半导体技术。

摩托罗拉在日本市场连续经历过四次重大失败之后，才找到了拿自己的核心技术换取日本市场的正确姿势。

第一次尝试。

1962 年，摩托罗拉在日本设立了销售办事处。很快，摩托罗拉就发现，在日本如果采取直接销售产品的方式，不可能大规模进入日本市场，因此希望在日本建立一个本地化的制造厂。然而，日本政府限制外国半导体企业的直接投资，要求必须与日本企业成立合资企业，外国实体拥有的合资企业股权不得超过 50%。

第二次尝试。

1968 年，摩托罗拉与日本阿尔卑斯电气（Alps Electric）成立了一家合资企业阿尔卑斯摩托罗拉半导体（Alps-Motorola Semiconductor），该合资企业负责摩托罗拉设备产品的后端组装和测试，以及在日本市场的销售。该合资企业遇到了许多困难，并在1974—1975 年期间崩溃。除了商业环境之外，这种失败也来自于摩托罗拉缺乏对日本文化的了解，不了解在日本开展业务的复杂性。更重要的是，双方在合资协议中没有完全明确权力分配问题。对于日本当地合作伙伴来说，最好能将人事和其他行政职能交给他们；这种信任和放权，是日本当地合作伙伴愿意付出的基础。而外国伙伴也需要保留对运营事务的权力，避免完全按照日本当地合作伙伴的业务思路前行。

第三次尝试。

1980 年，摩托罗拉决定尝试做一家新的合资企业，这次选择了日本东光（Toko）作为其合作伙伴。东光当时只是一家小型电子元件制造商，与日本任何财团都没有关联。这个时候日本政府刚刚取消对外国独资子公司的大多数限制，因此摩托罗拉选择一家无名企业合作，部分是考虑到可控制力和今后可以回购全部股权。很自然地，两年后摩托罗拉收购了东光在合资企业中的股权并将该独资企业更名为日本摩托罗拉，为日本市场提供芯片制造和封装，同时其也是摩托罗拉多种产品的全球经销商。但日本市场对这种外国独资企业并不认可，摩托罗拉虽然为满足日本市场做出了极大努力，但市场拓展缓慢而艰难。

第四次尝试。

1982 年，摩托罗拉与日本日立株式会社签订合作协议，向日立许可使用其主打的微处理器技术。很快摩托罗拉和日立相互指控对方侵犯专利权，双方合作陷入激烈的争执和诉讼。在日本当地法院判决认定双方都有过错后，两家企业达成了交叉许可协议。

第五次尝试。

1985 年，**摩托罗拉在历经 22 年努力后终于意识到，它需要与日本主流的半导体企业合作，才能真正打入日本市场。**最终选择了当时日本半导体前三强企业东芝。摩托罗拉当然也不愿意看到在未来创造一个可怕的竞争对手，因此用自己独到的微处理器技术与东芝的 DRAM 设计和制造技术进行交换，这是合作的核心。东芝当然求之不得，因为 DRAM 技术光是在日本就有 5 家以上的巨无霸同行，东芝并没有垄断地位，无需顾虑自身的 DRAM 市场是否会有重大牺牲；而微处理器技术却是美国企业领先于日本的强项，从美国微处理器领导企业摩托罗拉那里取得该技术，有助于弥补东芝这一缺陷，也能大幅提高整个日本半导体产业的微处理器水平。

在技术转移方面，日本政府和东芝都保持了足够的冷静，没有受到政治因素和民族情绪的影响。1986 年是《日美半导体协议》签署年，**摩托罗拉在制定美国对日半导体制裁方面发挥了很重要的作用，但东芝和日本政府并没有因此暂缓甚至取消与摩托罗拉的合作。最重要的原因是，东芝乃至日本政府对从世界微处理器领导企业那里获取顶尖技术的深深渴望。**两家企业的协议明确规定，东芝将分阶段获得摩托罗拉微处理器技术，这个阶段由东芝帮助摩托罗拉获取日本市场份额的进度所决定。

日本东芝和美国摩托罗拉各取所需。

日本东芝，通过合资从美国摩托罗拉得到的微处理器技术包括电路设计和软件代码。东芝于 1988 年成为摩托罗拉 32 位微处理器产品的 OEM 制造商，从而表明其已经全面掌握了美国摩托罗拉的微处理器技术。1990 年，两家企业宣布计划为丰田新发动机共同开发微处理器，东芝在面向日本最庞大的汽车工业的芯片供给能力有了质的飞跃。

美国摩托罗拉，如愿以偿打入了日本市场并实现了飞跃。下表是 1985 年与东芝合作后，摩托罗拉在日本市场实现的快速提升。

摩托罗拉与东芝合资后在日本市场的历年收入

统计年份	销售收入/百万美元	同比增长（%）
1984	106	—
1985（洽谈合资）	73	−31
1986（合资运营）	113	55
1987	158	40
1988	273	73
1989	361	32
1990	436	21
1991	497	14

数据来源：摩托罗拉网站

美国摩托罗拉尝到了技术换市场的甜头，1990 年同意与东芝合作开发与高清电视（HDTV）相关的芯片产品。在摩托罗拉和东芝宣布了 HDTV 芯片合作几个月后，日本多家企业同时宣布了

HDTV 芯片开发项目，每个开发项目都与一家美国知名半导体企业合作，这主要是**通产省在有计划地安排日本主要企业复制摩托罗拉-东芝模式**。当然，日本通产省对外解释为，这是为了让美国半导体企业更好地占领日本市场，完成《日美半导体协议》的日本方义务；但实际效果看，**20 世纪 90 年代初日本半导体企业通过合资合作取得了美国硅谷新发明的不少芯片技术，弥补了日本DRAM 存储芯片工业被韩国取代后其他芯片产品匮乏的缺憾。**

2.3.4 偶尔高调也会埋下仇恨的种子

日本人其实是极其低调的。

但 20 世纪 80 年代初，日本精英们掩盖不住包括半导体产业在内日本产业统治全球的喜悦，好好地高调了一把。最具代表性的是日本经营之神、索尼联合创始人盛田昭夫向美国硅谷发出的一句能代表日本产业界心声的宣言：

"日本技术霸主地位将压倒美国竞争对手，并导致美国衰落。"

这是一个很不低调的表态。

当然，盛田昭夫也只是实事求是地阐述了其时的真实现状，并小小地展望了一下未来，虽然这个未来很快就被美国的强势反击所打乱。

经历过那个时代的美国人都有这样的深刻印象：

"日本即将征服世界！"

在那几年，日本被公认为是正在接管美国统治世界经济和科技的国家。包括美国人在内的每个人都把日本企业作为技术、创新和新产品的领导者。美国企业相互告诫，如果不能跟上日本企业的最新动态，就会很快被淘汰。

日本在20世纪80年代骄傲情绪高涨。1989年，日本三菱以8.46亿美元的价格购买了美国纽约洛克菲勒中心51%的股份，这被称为"经济版珍珠港事件"，让多年受美国气的日本人找到扬眉吐气的感觉。

日本精英层如此亢奋，以致有句骄傲的话在欧美世界广为流传，说日本政府有能力决定冷战的结果，只需指示日本企业将洲际导弹中使用的芯片出售给苏联而不是美国。

日本的举国高调，引发了美国的全力抵制。众所周知，小说和电影是反映社会价值观的主要载体之一。美国畅销书作家迈克尔·克莱顿（Michael Crichton）1992年发行小说《旭日》（*Rising Sun*），将人类面临的主要威胁确定为日本政府的工业综合体，而不是重组DNA恐龙或外星人。小说中，日本中本聪（Nakamoto）密谋收购美国芯片企业，不惜一切代价控制全球经济。今天大家还在盛传比特币创始人是日本人中本聪，大概率也是美国人还念念不忘当年小说中的日本中本聪统治世界的野心，而把这个虚拟的名字安在这个悄无声息影响世界经济的传奇虚拟币上。

盛田昭夫的一句话、日本精英层乃至媒体的高调出演，非常地振聋发聩，让日本民众群情激昂；但同时不可避免的另外一个结果，就是把此前可能还有些糊涂的美国人一下子给震醒了。带来的是《广场协议》、1986年《日美半导体协议》、1991年《日美半导体协议》，接着就是日本失去的三十年。

2.3.5 英特尔与日本产业布局的因果

英特尔是一个伟大的企业。罗伯特·诺伊斯、戈登·摩尔于

1968 年 7 月离开仙童半导体，以集成电路之名（**INT**egrated Electronics）创立了英特尔。1970 年 10 月，英特尔发布了全球第一款商用 DRAM 芯片，是 DRAM 产业的开拓者。英特尔也曾经是 DRAM 产业的领导者，只是在 15 年后被日本半导体同行掀翻在地。

前面讲到，在《日美半导体协议》签订的当年，美国英特尔扛不住日本半导体产业的强大竞争压力，被彻底打落尘埃，被迫关闭了其曾占据全球市场 80% 份额的 DRAM 芯片业务。如果当时不是美国同行 IBM 拉了一把，英特尔大概率要与这个星球说再见了。

这是日本半导体产业布局对英特尔造成的"果"。

英特尔大难不死，必有后福。这个后福就是逻辑计算芯片。英特尔今天已经是全球先进逻辑计算芯片的第一霸主。但这个"后福"，又确确实实是日本半导体产业布局多年以前给美国英特尔种下的"因"。

相对于日本的半导体企业同行，美国英特尔是一个年轻十多岁的企业。英特尔成立于 1968 年，创始人中的诺伊斯和摩尔都是 1957 年仙童半导体的创始人。仙童半导体是硅谷的"西点军校"，当时也是美国国防芯片采购的主要供应商，因此英特尔的半导体血统最为纯正。1986 年，日本富士通曾提出以 2 亿美元收购仙童半导体 80% 股权，成为了刺激美国发动美日半导体战争的重要导火索。

1969 年，日本计算器企业 BUSICOM（1967 年由日本计算器株式会社改名而来）与英特尔接触，希望为其定制新型计算器用处理器。**日本半导体企业毕竟是美国的跟随者，60 年代末在存储**

芯片方面已经表现较好，但在微处理器方面仍未开展产品研制工作；正如前述，美国摩托罗拉1986年与日本东芝组建合资企业时，东芝作为当时日本最大的半导体企业，对摩托罗拉的微处理器技术仍然求之若渴。因此，1969年BUSICOM作为计算器用户，并不认为日本半导体企业有定制开发计算器用处理器的能力。

1970年2月，BUSICOM与刚诞生两年不到的英特尔签约，出资6万美元，委托英特尔开发用于其新款计算器的处理器芯片。BUSICOM的订单起初并不被英特尔重视。英特尔和全球大部分半导体巨头一样，把主要精力放在存储器上，英特尔创始人兼CEO罗伯特·诺伊斯甚至说过："MPU（微处理器）是一个有趣的想法，英特尔有能力做，但是脑子坏了才会真的去干。卖MPU的话，每台计算机只能卖一块，我们现在做内存，每台计算机能卖几百块芯片。"

英特尔还是认真地履行了与BUSICOM的合约，这是历史的安排。不过它是新创立的企业，虽然顶尖人才云集，但由于向客户承诺了微处理器这一历史上全新的解决方案，研发过程仍充满了各种坎坷，未能在一年合同期限内交付产品。BUSICOM从英特尔那里得到了延误补偿现金，并根据合同拥有该芯片的全部知识产权。

在合同上，这是一款用于计算器的新型处理器。但是，美国英特尔的天才们意识到，这可能是一款能改变世界的全球首款商用微处理器。事实上，这颗芯片在半导体历史上具有开拓性的重大意义，后来也成为世界电子信息产业发展的重要里程碑。

美国英特尔向日本BUSICOM提出，愿意将6万美元合同款项全部退还，BUSICOM仍拥有将该芯片用于计算器的权利，但英特尔需要拥有该芯片的全部知识产权。BUSICOM 同意了英特尔的请求。1971 年 11 月 15 日，英特尔面向全球市场推出了这款 4004 微处理器，它是"一件划时代的作品"，是世界上第一款商用处理器。但它不是世界上第一款微处理器，第一款微处理器由美国军方研制，用于 F-14 "雄猫"战斗机；这也再次印证，**在 20 世纪六七十年代，美国半导体国防用途确实"多于民间用途、早于民间用途、高于民间用途"**。英特尔从此进军商用微处理器市场，并占领该市场至今 50 年。BUSICOM 因此也成为世界半导体历史上最没有远见的企业。

英特尔可谓失之东隅，收之桑榆。

2.4　日本半导体产业春秋

2.4.1　半导体的皇冠：碾压美国光刻机同行（尼康）

光刻机通过光学系统将光掩模板上设计好的集成电路图形印制到半导体衬底的感光材料上，最终实现集成电路布线图的图形转移。

今天光刻机已经是世界上最精密的设备，但光刻机出现的初期并不是什么了不起的高科技，更谈不上是半导体产业的皇冠，本质上是一台具有较高精度的投影仪＋照相机。

光刻机最初从美国发展起来。1959 年，美国仙童半导体（Fairchild）就研制出全球首台"步进重复"相机，使用光刻技术在单个硅片上制造了众多相同的硅晶体管，从而催生出了世界上第一台晶体管计算机。那个时代半导体产业充满了开拓全新领域的科学家们，而不像今天在半导体成熟领域创业的企业家和职业经理人。刚开始科学家们需要光刻机设备时，市场上也没有太成熟的产品，都得自己画图设计，再找人按自己的图纸造出一台光刻机来。当时全球能做光刻机设备的企业众多，包括美国英特尔、美国仙童半导体、美国珀金埃尔默（PerkinElmer）、美国卡斯帕（Kasper）、美国地球物理（GCA）等，这几家企业都是研究人员自己动手做设备，以美国企业为主的光刻机企业一度达到20多家。到20世纪80年代初，光刻机仍是美国GCA和美国珀金埃尔默的天下。

日本尼康和佳能是世界公认的光学巨头，但却是全球光刻机市场的后进者，因为尼康和佳能所在的照相机领域需求量足够庞大，能为企业带来足够的收入和利润。后来，考虑到光刻机并不比照相机复杂太多，尼康和佳能决定进军光刻机领域。80年代初，尼康发售了自己首台步进式光刻机，拥有比美国同行更先进的光学系统。很快，日本的半导体采购需求已经无法匹配尼康和佳能的庞大光刻机供给能力了。

1982年，尼康在美国硅谷正式设立了尼康精机，成功登陆美国，直捣美国GCA和美国珀金埃尔默的主场。美国光刻机企业高度依赖外购光学镜片，它们大部分从德国蔡司采购镜头。日本尼康充分利用了光刻机镜头更新比美国同行快一拍的独特优势，快速占据了美国GCA的领地，不断抢走GCA的客户。在光刻机采购性价比面前，美国英特尔、摩托罗拉、IBM等半导体巨头纷纷抛弃了美国供应商，掉头投向了日本尼康的怀抱。

日本尼康从1982年正式登陆美国，只用了两年时间，到1984年就全面打败了美国光刻机同行。1984年，日本尼康和美国GCA

平起平坐，两家各占全球40%的市场份额，剩下两成市场份额由美国珀金埃尔默、日本佳能、日本日立三家平分。自此，日本企业已占全球超过一半的市场份额，美国光刻机企业进入快速下滑通道，至1990年时，美国光刻机企业已从20世纪70年代末全球90%的市场份额跌落到10%。

日本尼康对美国光刻机行业的这一奇袭，被美国半导体产业界称为"光刻机的珍珠港事件"。这是美国在一年后即1985年酝酿美日半导体战争的诱因之一，也为1997年美国英特尔发起光刻技术联盟EUV LLC、独独把全球光刻机霸主尼康排除在外埋下了伏笔。 人们常说，君子报仇、十年不晚。美国对日本光刻机的复仇，则是忍了15年后来了个总算账。

2.4.2 先进设备制造：经销商起家快速登顶（东京电子）

东京电子（Tokyo Electron Limited，TEL）由两名从事经销商业务的年轻人久保德雄和小高敏夫离职创立于1963年。初期，东京电子还是从事两个创始人的老本行产品经销，包括汽车收音机的出口和半导体设备的进口。

1965年，东京电子成为美国仙童半导体设备产品的日本代理商。在企业成立的第三年、注册资本仅为500万日元的小作坊的情况下，创始人充分体现了敢于担当的精神，想方设法接下了单台样机高达4000万日元设备的进口业务。美国仙童半导体是美国半导体的龙头企业，设备先进性远远领先于日本，因此该进口业务给东京电子带来了可观的收益。同时，东京电子借此也为日本集成电路产业的发展做出了重要贡献，积累了一定行业口碑。

1968年，东京电子启动设备自制业务，成为日本第一家半导体制造设备厂商，也是日本迈向半导体设备国产化的第一步。

1975 年，东京电子发现经销业务受货币危机、石油危机、国际贸易环境等经济景气度的影响极大，因此决定放弃占企业六成收入的汽车收音机等产品经销业务。自此，**东京电子将全部精力专注于能长期获得高收益的半导体设备制造等高端业务。这是专精于特定业务的典范，在美国硅谷很常见，但在崇尚集团化综合经营的日本，是半导体产业乃至整个日本产业界的一股清风。**

1981 年，东京电子成为全球技术最顶尖半导体制造设备之一。东京电子通过与美国企业合资合作的形式，从美国引进先进的设备技术，并与自身的制造技术融为一体。

1989 年，东京电子登顶全球半导体设备王座。半导体制造设备营收额位居全球第一，并连续三年蝉联冠军（1989—1991 年）。这期间东京电子拓展国外市场，为国外用户提供本地化服务，在全球奠定了在半导体制造设备领域的领先地位。其产品线几乎覆盖了半导体制造的所有工序，产品包括但不限于：涂布/显像设备、热处理成膜设备、干法刻蚀设备、化学气相沉积设备、湿法清洗设备及测试设备。

东京电子创造了半导体史上的登顶奇迹，值得全世界关注和学习。其登上王座所花的时间，从 1963 年设立起算是 26 年，从 1965 年启动设备业务起算是 24 年，从 1975 年专注设备业务起算是 14 年。

2.4.3 半导体材料：青出于蓝而胜于蓝（信越化学）

信越化学（ShinEtsu）成立于 1926 年，全名为"信越窒素肥料株式会社"；1940 年正式更名为"信越化学工业株式会社"。

1939 年，开始生产硅产品。

1949 年，东京证券交易所上市。

1952 年，完成有机硅的试验开发。

1953 年，获得有机硅专利权持有者美国通用电气的专利使用权，同时又拿到了日本通产省的资金补助。

1957 年，**出让 45％股权换取美国道康宁的专利使用授权。**

1970 年，信越化学建立了直江津硅片加工厂，1973 年建立了马来西亚硅片厂，由信越化学提供单晶硅，硅片大部分出口至美国。此时，日本厂商的技术仍落后美国 2 代左右，只能凭借低廉的成本抢占市场份额。

1979 年，信越化学收购美国道康宁持有的 45％的股权，并在美国设立信越美国公司开展硅片制造业务。

1999 年，信越化学并购日本日立的硅片业务，份额进一步提升。**投资建设 12 英寸硅片工厂，两年后量产；进度领先了全球硅片同行至少 3 年。信越化学由于做出了正确决策，连续 5 年享受了全球 12 英寸芯片制造工厂的唯一硅片供应商的寡头收益。**而韩国同行和德国同行企业最早到 2002 年才启动 12 英寸硅片工厂建设。

今天，信越化学仍是全球最大的硅片供应商。除硅片外，其还供应聚氯乙烯、特种化学品、稀土磁体、金属硅等多种有机硅材料。

2.5　予中国之借鉴

2.5.1　团结就是力量

任何大型的联合攻关工程，都需要各方齐心协力。对于特定阶段于国于民至关重要的**"国运"产业，更适合由国家意志初期强势主导**，这是东亚三国（中国、日本、韩国）在半导体、汽车、钢铁、电子、家电、化工等行业的后发追赶并快速超越所反复证明的成功经验。

咱们心中最成功的联合攻关，公认是"两弹一星"工程。大批优秀的科技工作者，包括许多在国外已有杰出成就的科学家，怀着对新中国的满腔热爱，义无反顾地投身到这一神圣而伟大的事业中来。在当时国家经济、技术基础薄弱和工作条件十分艰苦的情况下，自力更生、发奋图强，用较少的投入和较短的时间，突破了核弹、导弹和人造卫星等尖端技术，取得了举世瞩目的辉煌成就。他们能紧密团结在一起完成一个具体的战略任务，是爱国情操和坚定意志融合的成果。

各方齐心协力，说起来就六个字，但操作起来是极具挑战的事情。近三十年来，**我们需要联合攻关以追赶欧美先进水平的细分领域不少，但很难再成功复制一次"两弹一星"。原因肯定有很多，其中有一个客观原因，就是今天每一个联合攻关的参与单位，几乎都是市场化主体，无论是企业，还是科研院所，都有各自的立场和诉求，劲往一处使并不容易。**

日本超大规模集成电路（VLSI）计划几乎夭折，也是同样的问题。富士通、日立、三菱、NEC、东芝、理光、佳能、大日本印刷等，每一个参与单位都是日本国内"踩一脚，产业晃三下"的重量级企业，各企业之间互相提防甚至互相拆台，很难做一个大拼图中的一小块。此外，政府承诺投入的资金初期也迟迟不到位。

大型科技攻关中，领军人物的威望和一言九鼎的号召力至关

重要。关键时刻，日本半导体研究的开山鼻祖垂井康夫（Yasuao Tsukai）站了出来，他作为日本半导体研究第一人，将各怀心思的参与方们凝聚到一起。他1951年毕业于早稻田大学，1958年在日本第一个申请了晶体管相关专利，1961年研制了日本第一款集成电路样品，是公认的日本半导体技术开发第一人。垂井康夫1965年任通产省下属工业技术院电气实验室半导体零部件研究室主任，1976年被任命为VLSI技术研究会联合研究所所长。他的声望能镇住日本半导体大型企业和机构们。他指出，**参与方只有同心协力，才能改变各家企业都面临的基础技术落后美国的困境，只有在联合攻关完成基础技术开发后，各家企业再各自进行产品开发，才有希望改变在国际竞争中孤军作战、落后挨打的困局。**在各方的协同努力下，参与方都派遣了其最优秀的工程师，来自各地的工程师们肩并肩地在同一研究所内共同工作、共同生活、集中研究，在芯片生产工艺和精密加工设备、硅片结晶技术、芯片设计技术、封装技术和测试技术上取得了突破。

在大型科技攻关中，政府履历的资深人士参与协调也是成功的标配。除垂井康夫外，日本通产省刚退休的根岸正人是凝聚人心的关键人物，他有多年推动大型国家研究计划的经验，非常了解计划各参与方的能力和利益诉求，能通过有效的沟通化解冲突，避免离心。

团结，既包括团结自己人，也要包括团结外部合作伙伴。

日本VLSI计划背后还有一个特征：它是国际合作的受益者。如果没有全面、开放的贸易全球化和技术国际化交流，日本根本不可能引进半导体先进技术，也就没有日后赶超美国的基础；美国也难以在服务全球产业需求的过程中，通过接受日本合同挖掘全新 CPU 市场。**内有举国体制，外有"向先进学习"的敏锐抓手，内因外因结合，才打下了日本在 20 世纪六七十年代奋斗追赶、80 年代赶超美国的局面。**

对中国来说，要想在半导体领域打一场真正的联合攻坚战，可能需要具备如下几项条件：

- 坚定的国家意志。
- 各关键环节龙头企业的深度参与。
- 产业界极有威望的领军人物领衔。
- 政府主管部门的充分参与但不干预。
- 有效的成果共享机制。

笔者以为，我们要正视我国集成电路超大型项目管理的落后性，我们不能总以当年"两弹一星"的成功而沾沾自喜。曾经的辉煌，属于钱学森那辈科学家的卓越贡献，今天的半导体从业者何喜之有？另一方面，半导体面向市场追求性价比领先的竞争性行业规律与当初"两弹一星"战略目标也迥异。因此，要虚心学习半导体强国的成功经验，既包括日本 VLSI 计划的组织经验，也包括美国国防高级研究计划局（DARPA）策划的众多超大型项目，它们最终都转化为工业领域的巨大商业生产力。

2.5.2 三只眼看世界

日本有一个谚语："三只眼看世界"。

他们认为，要想取得成功，必须有三只眼：鸟眼、虫眼、鱼眼。鸟眼是指站在高处把握全局，虫眼是指细节都看得清清楚楚，鱼眼是指像鱼知道河水流向一样，能把握住事物的走向。

鸟眼

日本在二战后复苏时，在亟需振兴经济时，需要用鸟眼站在高处看清全局，才能制定政策，指导行动：

- 今后数十年哪个产业是有前景的发展方向？
- 谁最强？
- 向谁学习？

我们今天在回顾日本半导体发展历史时，上述三连问的答案都不言而喻，没有悬念。有人会奇怪，第三个问题有必要单独问吗？它难道跟第二个问题不应该是天然的同一个答案吗？如果仅仅是询问日本半导体 20 世纪 50 年代到 80 年代的学习对象，那回答是。但我们把问题的主角换为今天的中国时，美国毫无疑问最强，然而美国是中国半导体产业最适合的学习对象吗？

我对日本半导体产业的兴趣，远胜对硅谷的憧憬和向往，即便我曾在 2000 年协助翻译过《硅谷优势》，在国内算是比较熟悉硅谷模式的一批人。我通过近二十年产业经历，领悟到硅谷模式实在难以复制，因为硅谷核心的开放科研文化基因，远没有根植到我国的科研体系；如果基因没法复制，那么所谓学习很容易邯郸学步，难得精髓。然而日本模式可以学习。日本半导体产业既有占据世界半导体王座七年之辉煌，亦有走下神坛打落尘埃之二十余年悲伤。昨天的日本，是一手打造了曾经让美国感到深深威胁并痛下杀手阻击的庞大半导体帝国；放眼全球，日本半导体这一"舍得一身剐，敢把美国半导体拉下马"的赫赫战绩，实乃前无古人、后无来者。二战后的日本，政府采取"官产学研"的运行机制，大力干预和引导产业发展，综合运用外资政策、产业政策与科技政策，学习、引进、模仿、改进美国先进技术，形成了独特的半导体技术创新体系和完备产业体系，用30年时间超越了美国半导体这一所谓的师傅，并长期主导全球半导体产业。

然而，一个不争的事实是，日本半导体产业近三十年一直在走下坡路。我们如果努力学习日本模式，是不是就意味着我们也会重蹈覆辙，重走日本三十年的下坡路呢？

首先，这是一个杞人忧天的问题。日本半导体没落，是在登顶世界王座之后。中国过去这三十年，努力地追赶硅谷，差距并没有显著缩小，登顶都还是一种奢望，何谈登顶后何去何从。

其次，日本半导体近三十年走下坡路，不是日本自己所能决定的。如果日本在1986年、1991年两次《日美半导体协议》面前不低头，日本半导体产业又会如何？日本鸟眼一直都在，只是在美国发现日本放飞自我把美国白头海雕远远甩在后面时，不得不下决心把日本的鸟爪束缚得严严实实。

笔者以为，不要因为日本半导体产业近三十年低迷和低调，而忽视了其与中国的高度相似性，特别是对于中国的高度可学习性。

虫眼

把细节都看得清清楚楚，能够冷静地指导如何做：

- 最重要的东西是什么，我们有没有？
- 现在应该怎么办？
- 今后应该怎么办？

第一个问题，半导体产品到半导体产业的最重要东西是基础专利。日本半导体20世纪50年代到80年代所面对的，跟中国半导体今天所面对的，是同样的答案："没有"。

第二个问题，没有原创、没有基础专利怎么办？那就想尽一切办法引进、全方位学习、系统性地吸收、发布属于自己的产品。

第三个问题，学习和模仿只能解决有无，无法实现超越；今后怎么办，如何做到极致，甚至比原创更优秀？日本半导体看清楚了半导体产业的脉络，找到了根结，那就是设备和材料。日本半导体花了三十年（1955—1985 年）时间，特别是 20 世纪 70 年代设备和材料攻关，实现对了半导体原创圣地美国硅谷的产业超越。

中国半导体今天大半还在痴迷于硅谷的原创模式，迷恋其中而无法自拔。如果结合两个有意思的背景，则更为有趣：其一，中国乃至整个东亚，从 0 到 1 的原创，确非所长；其二，半导体这条赛道上，经过 70 多年的发展，已经没有多少原创空间，那么模仿硅谷做法，与学习日本经验，哪个更有实践价值呢。

鱼眼

能看清事物的走向，把握左右产业最重要的因素。

笔者窃以为，市场就是方向，就是最重要的因素，就是一切，就是产业最珍贵的财富。

纵观日本半导体崛起的历史，都是紧紧扣着市场做文章，进要攻、退要守。反观中国半导体市场，是全球最大的芯片市场，价值上全球公认最珍贵。对外中国应尽可能通过市场获得技术合作，对内则应牢牢树立利用市场带动半导体企业崛起的主动布局意识。

2.5.3 科研投入与产业发展两个方向脱节

日本超大规模集成电路（VLSI）计划给我们的另外一个启发，就是技术开发一定要与产业第一线企业挂钩，否则形成不了产业化，就失去了科研的初衷。

今天都在说化合物半导体我们跟全世界在同一起跑线上，其实不然。**1978 年**，我国科学家代表团访问日本，广泛调研日本砷化镓、氮化镓乃至碳化硅材料及相关工艺、设备进展，日本被访企业坦言他们正在学习美国的化合物半导体技术，并在工艺和设备上取得了突破。这就反映了两个事实：

其一，化合物半导体，中国与世界并没有处在同一起跑线上，而是比世界先进水平少了数十年积累，不能误判。部分创业企业从国外企业挖来数人或是十数人的团队，购置制造设备，调试生产线，就敢称跟国际同行处在同一起跑线，可能还欠缺一些底蕴和底气。

其二，咱们的科学家在 **40 多年前就充分接触了世界前沿的化合物半导体技术，但这么多年并没有有效地转化为国家的半导体产业实力，也没有孵化出有规模、有实力的化合物半导体产品企业、材料企业和设备企业，这说明咱们之前科研、产业两个方向脱节问题较为严重。**

2022 年"两会"期间，科研投入和产业发展两个方向脱节的问题，又成为众多代表委员们关注的一个焦点。

中国科研机构研发速度不输日本，但相当部分研究只能停留在实验室参数突破，并没有像日本曾经那样转化为巨大的产能，尚未有效形成对国内高科技产业技术能级提升和大规模量产工艺的支撑。

科技创新既要仰望星空，也要脚踏实地，要从实验室的研究走向更广阔的天地，将科技创新成果转化为推动经济社会发展的现实动力。**破解科研、产业两个方向脱节是今天科技体制改革中不能忽略的内容，可能是最重要的内容，远比一个具体的攻关目**

标来得重要。国家和各省区市地方政府、科研院所关注这个问题至少 **20** 年了，怎么破，需要智慧。

100 个科研工作者，每人各产生 1 个科研成果，假定其中 10 个科研成果具有产业化价值。如果 100 个科研工作者全部去创业，10 个里面有 1 个能成功，已经是较好的结果。这个模式浪费了哪些资源呢？

- 99 个科研工作者本可以不断推出新科研成果，然而大好的时间浪费在没有成功的创业上，是国家之损失。

- 9 个本可以产业化的科研成果被浪费，科研投入做了无用功。

- 科研看上去很热闹，有可能部分在空转，会形成"无效产能"。

笔者 2015 年调研以色列科研体系，对希伯来大学的做法印象深刻。教授有了科研成果，不被允许兼职自创企业。要么自己离职创业，要么把科研成果交给学校科研成果转化办公室，转化办公室或建立独立企业运营、或直接出售给外部企业、或将科技成果作价入股外部企业。对于转化办公室在每一份科技成果上所取得的收益，40% 归教授，20% 归转化办公室负责操作的团队，40% 归学校。学校科研成果转化办公室除了少部分行政人员，大部分是从社会聘请的全职和兼职的会计师、律师、行业专家、企业家群体，按行业形成灵活的小组。

利益安排清晰，术业专攻明确。

中国资本市场全球溢价最高，不差钱，需要的是探索机制：

- 探索科研人员能够安心做科研而不用为了个人和家庭生计不得不进入市场赚生活费的机制。

- 探索全社会各行各业专业人士有动力、有利益参与科研成果转化，行政力量适度参与又不强势干预的机制。

- 明确界定高校和科研院所科研发明专利归属国家还是归属个人，探索将相关发明专利交给专业团队分工孵化、分利所得而不涉及国有资产流失的机制。

2.5.4　政策微妙之间能左右天下事

1963年，日本电气（NEC）获得了仙童半导体的平面技术授权，而日本政府则要求NEC将其技术与日本其他厂商分享。以此为起点，NEC、三菱、夏普、京都电气等都进入了半导体行业。

日本政府又全力阻击美国企业在日本设立独资企业或控股企业，避免本国市场被国外产品和品牌完全占领，导致本国企业没有立足之地。如果没有日本政府强势的半导体政策，日本就不可能只用不到20年的时间，培育了全球前十大半导体企业的其中六家。

笔者之前一直感慨于1985年以来我国汽车工业发展的迅猛。业界对我国汽车工业发展模式的讨论非常深入，焦点大致集中在外资控股模式很难培养出本国汽车品牌。我对汽车工业是外行，我这些年来关心的是，**我国庞大的外资控股汽车合资企业，对上游的带动性如何，对汽车制造装备和车规级芯片的带动如何？**

答案是：带动很弱。

原因很简单，外资控股汽车企业的采购权，特别是关键设备、核心零部件的采购权，完全不在中方手中。美其名曰，总部全球采购，既能保证质量，又能因量大降低成本。

技术换市场，绝不是五个字这么简单，需要展现政府的决心、体现企业的民族骨气、表现在操作中的细致水平。我国汽车工业的供给本土化，真正应该起始于自主品牌车企的创立，快速成长于自主品牌车企的崛起。他们是自主采购的主体。

切换到半导体产业，中国对世界巨头们是最仁慈的。既没有要求英特尔、高通、AMD、三星、海力士等任何一家企业必须在中国组建合资企业才能销售产品，也没有对他们在中国销售产品附加向中国企业授权核心技术专利的任何要求。

时代造英雄。日本半导体崛起的时代，美国第一次领会到"教会徒弟，饿死师傅"的痛楚。今天，美国也好，其他国家也好，都把政府强制合资、强制技术授权作为国际贸易合作敏感事项来防备。

国际环境在翻天覆地变化之后，我们的贸易政策机会在哪里？

2.5.5　产业转移并不是简单复制

半导体产业是一场"追赶秀"和"模仿秀"。

过去70多年的历史，是世界半导体产业三次产业转移的历史。我们今天正处在第三次转移的历程中。

第一次半导体产业转移。

20世纪50年代中期到80年代中期，日本主动从美国承接半导体技术和产业，美国企业从占有日本市场考虑，全面配合，成就了NEC、东芝、富士通、松下、日立、索尼、尼康、东京电子、信越化学等半导体巨人。

第二次半导体产业转移。

20世纪70年代中期到90年代末，美国、日本、欧洲向韩国以及中国台湾地区转移，造就了三星电子、海力士、台积电、联发科、日月光等半导体巨人。试举一例，**半导体大型企业美国无线电（RCA）向中国台湾地区"工研院"转让半导体制造技术。1977 年，中国台湾地区"工研院"打造了中国台湾地区首座集成电路示范工厂，投产第 6 个月良率即超过 70%，总体水平超过了 RCA。1980 年，中国台湾地区"工研院"对外设立了台联电；台联电此后又孵化了联发科、联咏等半导体"联"家军。**

第三次半导体产业转移。

从 20 世纪 90 年代开始，中国大陆主动积极争取第三次产业转移。与前两次技术和产业转出方意愿极强、主动作为、积极配合不同的是，半导体强国和地区带有明显的提防甚至抵触情绪。

中国大陆其实经历了第二次半导体产业转移，甚至有机会深度参与和承接第二次半导体产业转移。但历史表明，**在第二次半导体产业转移中，我们当初与世界顶尖半导体公司是接上了头，但只是被动地接，缺乏主动作为，与其时的韩国和中国台湾地区如饥似渴地转化转出方的技术相差较远。**笔者试以飞利浦技术输出举例。

飞利浦是一个神奇的企业，是一个孵化奇迹的源头。

飞利浦的第一次，1984 年。

飞利浦将光刻机业务独立出来，与荷兰半导体设备制造商 ASM 组建合资企业 ASML，成就了今天的光刻机王者。正如本书前述，光刻机在 20 世纪 50 年代到 60 年代，并没有显著的技术难度，以至于大部分半导体制造企业都自行研制光刻机或者有开发光刻机的计划。1967 年，飞利浦的半导体事业部研制出了光刻机原型，但企业高层并不看好这一设备的商业化前景，因此商业化推进非常缓慢。1980 年前后，飞利浦遇到经营危机，选择放弃非核心业务，目标是把光刻机业务卖给当时光刻机领先的美国企业，或是卖给正在崛起中的日本光刻机企业。荷兰 ASM 以顽强的毅力，持续跟进 4 年，终于抱得飞利浦光刻机部门美人归。飞利浦之后在 1995 年、1997 年、2000 年、2004 年分四次卖出了在合资企业 ASML 中的全部股份。

飞利浦的第二次，1987 年。

飞利浦与中国台湾地区"工研院"组建了一家合资企业。飞利浦提供了全套的芯片制造工艺，并帮助建设了一条完整的集成电路制造大规模生产线。这个合资企业就是台积电，今天的全球芯片制造的王者。

飞利浦的第四次，2006 年。

飞利浦将半导体业务以 79.13 亿欧元的价格，分拆卖给了荷兰的一个私募财团。这个分拆出来的业务起名叫"恩智浦（NXP）"，成为了今天的车规级芯片的王者，2022 年年初市值一度逼近 600 亿美元。

飞利浦三次对外业务合作，成就半导体三巨头。

第一、二、四次，中间似乎缺了一次。这第三次又是什么情况？

飞利浦的第三次，1988 年。

飞利浦和上海无线电七厂合资，组建"上海飞利浦半导体公司"，是中国当时最先进的功率半导体企业，1995 年更名为上海先进半导体制造有限公司。2006 年，企业在港交所主板上市，市值超过 50 亿元人民币。2018 年，上海积塔半导体吸收合并上海先进半导体，并以约 20 亿元人民币注销先进半导体港股股票。这意味着，从 2006 年到 2018 年这 12 年，上海先进半导体市值原地踏步，甚至还略有退步。

这是全球半导体快速增长的年代，错过了，浪费了。

功率半导体和模拟集成电路类似，不像数字电路可通过 EDA（电子设计自动化）等软件进行设计，功率半导体需要根据实际产品参数进行不断调整与妥协，因此对工程师的经验要求更高。笔者以为，上海先进半导体起点甚高，不输于模拟集成电路之王——美国德州仪器；成熟度也高于飞利浦输送给台积电的数字芯片制造技术。只要良性循环起来，产业壁垒极高，产品竞争力极强，企业规模可以做得很大。

但是，

没有。

鉴于此，技术吸收，产业转移，绝不只是工艺的简单复制，产能的简单再造，而应有一系列完整的套路，应该有一个系统的战略思维，值得决策者和产业从业者思考。

2.5.6 要避免过度强调先进工艺

集成电路制造工艺技术的进步通常用"节点"来描述。"节点"是指电子电路中晶体管栅极的纳米尺寸。通常，节点尺寸越小，芯片越强大，因为可以在相同尺寸的区域上放置更多的晶体管，这就是"摩尔定律"背后的原理。自 1965 年以来，摩尔定律一直支撑着处理器性能和成本同步改进的不懈步伐。如今，智能手机、计算机、游戏机和数据中心服务器中的先进处理器都是在 5～10 纳米的节点上制造的。使用 3 纳米工艺技术的商业芯片制造预计将于 2023 年左右开始。

节点越小，越能代表着芯片技术的先进性。但除了**逻辑芯片、存储芯片极大地受益于小节点的先进性能，其他类型的半导体，特别是模拟芯片、传感器、分立器件等，都无法通过迁移到更小的节点来实现显著的性能提高和成本效益提升。**因此，今天的集成电路制造，仍然分布在广泛的节点上，从 5 纳米的先进节点到 350 纳米以上的传统节点。事实上，自从英特尔 2015 年、台积电 2016 年量产 10 纳米芯片以来，全球 2020 年只有不到 2% 的产能位于 10 纳米以下节点。

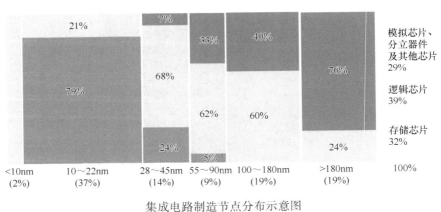

集成电路制造节点分布示意图

数据来源：国际半导体产业协会

半导体技术节点的这个分布，对中国颇有启发。

咱们与半导体相关的政策引导文件中，曝光率比较高的词汇有："重大关键技术""关键技术""高端""关键材料""基础软件""关键应用系统""重要技术标准""高性能""先进工艺""高端芯片""前道先进设备""高端设备""核心软件""核心零部件""28 纳米及以下""线宽小于 65 纳米""××亿投资以上"等。

这种旗帜鲜明向高处看齐、向最高技术靠拢的政策指向，对全社会大力开展集成电路攻关确实大有裨益，也颇有成效。同时，我们也不能忽视，**过于强调"先进性"，会埋下产业各环节之间、产业环节内部欠缺均衡的隐患**。譬如：

1. 集成电路设计

每过一阵子就有企业发布产品，要么拳打英特尔、要么脚踢英伟达，性能参数不超过世界同类产品第一都不好意思发布。几年后却又杳无踪影，也不给世界第一来一次市场肉搏战、来一次瑟瑟发抖或是发起跨境诉讼打压的机会。

这些企业积极发布这些并不成熟的"高端"产品为的是哪般？明面上，这是让投资人乖乖地掏钱在高位融资接盘。本质上，还是刻意迎合政府的政策导向，因为它们发布的这些产品，都足够高端、大气、上档次，都需要 28 纳米乃至 7 纳米、5 纳米工艺生产，投政府所好。

然而，大家都有意无意地忽视了类似德州仪器这样的"非先进"芯片巨头对国家和社会的战略意义。美国这个世界第一强国，如果少了英特尔和英伟达，国防一定能够转得起来；但如果没有了德州仪器，就缺少了多达 **40** 万种的模拟芯片，美国的国防大概率会瘫痪。这些芯片，几乎都不需要 **28** 纳米，甚至不需要 **12** 英寸生产线，**8** 英寸足够、**6** 英寸也能用。以信号链芯片为例，它是基础的芯片，但在国防、通信、电网等领域无处不在，中国几乎全部依赖进口。

国内模拟芯片国产替代完成了吗？远远没有。

国内产业政策有给它们 CPU、GPU 类似待遇吗？似乎也没有。

2. 半导体设备和材料

前道工艺设备有所突破，情况好些了，但后道工艺设备却仍是他国厂商的天下，仍然高度依赖进口。是中国企业能力不够吗？肯定不是。根本原因还是多年来的产业政策引导，很少照亮到后道工艺设备这么"不先进"的角落。

全部前、后道工艺设备种类约有50余种，其中后道测试和封装设备占了8种，约为六分之一。2019年，全球半导体工艺设备实现销售收入640亿美元，其中后道工艺设备90亿美元，约为七分之一。

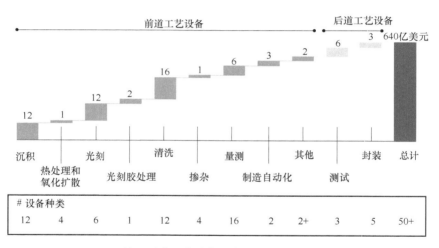

前、后道工艺设备示意图（2019年）

数据来源：国际半导体产业协会

半导体材料方面，后道工艺材料规模已达到前道工艺材料的60%。2019年，前道工艺材料实现年销售收入330亿美元，后道工艺材料实现年销售收入190亿美元。

封装材料比重最高的有机基板中，日本供应商主导高端产品供应，包括揖斐电（Ibiden）、新光电气（Shinko）、京瓷（Kyocera）等。目前日本仍以超过50%的份额主导着高端封装基板市场，中国、韩国也有一定的份额。

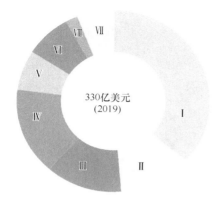

I. 硅片：36%

II. 光掩模：12%

III. 光刻胶：13%

IV. 电子特种气体：16%

V. 湿法化学品：7%

VI. 化学-机械抛光材料：7%

VII. 靶材：7%

VIII. 其他：2%

半导体前道工艺材料示意图

数据来源：国际半导体产业协会

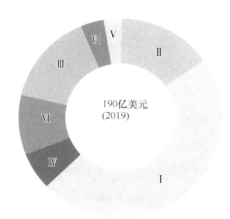

I. 有机基板：48%

II. 引线框架：15%

III. 键合线：15%

IV. 陶瓷封装：6%

V. 粘接材料：3%

VI. 封装树脂：10%

VII. 其他：3%

半导体后道工艺材料示意图

数据来源：国际半导体产业协会

封装材料比重第二的引线框架，中国几乎完全依赖进口，近年来通过与国外企业组建合资企业才有所突破。

3. 集成电路制造

笔者与新能源汽车行业人士交流,大家普遍反映当前的新能源汽车由于多半附加了智能汽车属性,对功率半导体、MCU、传感器芯片的需求已远超 10 年前,平均一辆新能源汽车所用芯片,能消耗掉 1 张 8 英寸晶圆的产能。

2021 年全世界电动汽车产量为 399 万辆,其中中国产量为 229 万辆。德国大众计划 2023 年在中国年产 100 万辆电动汽车,上汽通用五菱的目标是 2023 年制造和销售 100 万辆电动汽车……

这才两家企业就 200 万辆指标。我们做一个较为保守的假定,2023 年汽车企业在中国计划生产 500 万辆电动汽车,那么对应着 500 万片 8 英寸晶圆制造产能,平均到每月是 40 万片。

每月新增需求 40 万片,这是一个不小的数字。中芯国际和华虹 8 英寸生产线加起来的保有产能,也只有每月 60 万片左右,还是过去 20 年不断新建产能的积累结果,并且一直是超负荷满产中。

从哪里去找来这每月 40 万片 8 英寸的新增产能呢?

国际上没有,国内也没有。

这对中国设备厂商利好。笔者认为,**不能只关心 12 英寸先进工艺,中国半导体厂商如果能搭成一条全国产化 8 英寸生产线也是本事**!国际设备大厂因为从产能有限、追逐单件产品毛利率的角度考虑,基本上不生产 8 英寸设备了。据二手设备经销商 Surplus Global 表示,2018 年就有 2000 台 8 英寸设备的需求,但市场上只有不超过 500 台的供应,光刻机尤其稀缺。不少需求紧迫的客户,不得不花高价采购二手设备,甚至出现了 8 英寸设备比 12 英寸设备还贵、将 12 英寸设备改造适配 8 英寸生产线等现象。

近年来，全球每年半导体设备支出已达到 1000 亿美元水平，而其中 8 英寸设备支出规模仅 40 亿美元左右，不过是市场的"零头""添头"。专家们一看这个数字反差，第一反应就是 12 英寸才是支持的方向。其实不尽然，这个数字反差是设备市场供应的结果，而不是原因。我们今天应该考虑进一步扩充 8 英寸产能和 12 英寸实用型产能，这也是一种为国出力。

2.5.7 设备和材料是制约产业的瓶颈

设备和材料，既是日本半导体产业当年成功突围的关键，也是现阶段中国半导体产业的制约瓶颈所在。

1976 年，日本正式启动实施"超大规模集成电路（VLSI）计划"，主要在设备上面下了苦功，兼顾半导体材料，而没有用政府资源去攻克芯片设计，更没有投入政府财力大肆建设集成电路制造工厂。之后，日本很快在设备和材料领域取得了长足的进步，其中设备与美国互为瑜亮、并列称雄，材料则牢牢占据世界领导地位。

日本政府对半导体产业的应对之策，正是我们常说的"头痛医头，脚痛医脚"的相反面，直击解决问题的根本。从半导体产业发展阶段来比较，日本 1973 年到 1991 年这 18 年，对应着我国 1996 年到 2016 年这 20 年。两国政府都对本国半导体产业进行了高强度的支持，但我国真正把半导体设备和材料上升到与集成电路制造同等重要性，却是近几年的事情，这也是我们的半导体产业在追赶时总是感到有力使不出的重要原因。

关键在用。设备和材料只有客户愿意用才有前途。

其一，非常想用。设备和材料性能卓越、价格有诱惑、性价比高等，都是用户非常想用、无法拒绝的因素。

其二，别无选择。其他供应商已经关闭了供货渠道，或者很可能会关闭，那么用户对本国设备和材料采购就有强大意愿，哪怕产品本身尚不具备竞争力，别无选择。

其三，必须要用。美国是个经典案例，它往往会通过行政引导，要求凡是受过美国政府资助的企业，不得采购某些供应商或者来源地的产品。

中国当前半导体设备和材料几乎都处于新兴阶段，大部分领域的产品未完成充分的迭代，因此达不到第一种境界的"用"。

美国近年来对中国半导体产业的提防甚至打压，给中国半导体设备和材料企业创造了第二种"用"的良好环境。

半导体设备和材料作为半导体产业的瓶颈，还提醒我们不能眼高手低。不知从何时起，高举世界最高技术产品大旗就是产业"正确"，专心做适用技术产品就低人一等，哪怕这个实用技术国内也远未掌握，这是比较危险的信号。落到半导体设备和材料上，我们能够搭出一条完整的本土技术和产品8英寸生产线吗？笔者很好奇这个问题的答案。8英寸集成电路生产线已经出现了约40年，我们在孜孜不倦地追求12英寸设备达到国际先进水平的同时，40年前的设备体系却难以具备，这是值得思考的一个有趣现象。

2.5.8 存储芯片单一市场战略必争

从规模重要性看，存储芯片是全球芯片单一最大品种。

相对于排名第二的逻辑芯片，存储芯片细分产品主要有DRAM和Flash，简单明了，并不像逻辑芯片可以细分为丰富得多的产品线，因此更容易聚焦做出规模。

根据世界半导体贸易统计组织（WSTS）的官方数据，2019—2021 年全球半导体市场的产品结构见下表。其中，各大类半导体产品占全球半导体市场的份额表明，2020/2021 年存储芯片市场销售额已经反超逻辑芯片。

2019—2021 年全球半导体市场的产品结构

产品大类	市场销售额/百万美元					
	2019		2020		2021	
分立器件	23804	5.4%	30100	5.4%	32280	5.4%
光电器件	40397	9.2%	43229	7.8%	45990	7.6%
传感器	14962	3.4%	18791	3.4%	20913	3.5%
集成电路						
其中，模拟电路	55658	12.6%	72842	13.2%	79249	13.2%
微处理器	69678	15.8%	79102	14.3%	83980	14.0%
逻辑芯片	118408	26.9%	150736	27.3%	167396	27.8%
存储芯片	117482	26.7%	158161	28.6%	171682	28.5%
总计	440389	100.0%	552961	100.0%	601490	100.0%

数据来源：世界半导体贸易统计组织（WSTS）

从中国半导体产业链补链强链看，存储芯片无法回避。

中国是全球最大存储芯片消费国，且高度依赖进口。存储芯片从其性质上看，是数据的载体、电子系统的"粮仓"。以行军打仗做比喻，发展存储芯片可谓是"兵马未动，粮草先行"。从现状看，存储芯片作为中国半导体产业的"粮草"，战略必争，但目前非常薄弱。

从中国实践看，已经积累了一定的存储芯片经验。

2002 年，中芯国际与英飞凌签订 0.14 微米 DRAM 沟槽技术的协议，中芯国际在上海 8 英寸工厂使用英飞凌技术专为英飞凌生产 DRAM 芯片。中芯国际与英飞凌再次签约，进一步合作生产 DRAM 芯片；根据协议，英飞凌向中芯国际转移 0.11 微米 DRAM 沟槽技术和 12 英寸 DRAM 产品的专有制造工艺。该技术只用于专为英飞凌制造产品。

2005 年，北京兆易创新成立，从事 NOR Flash 芯片设计。

2006 年，武汉新芯成立，致力于 NOR Flash 芯片制造。

2016 年，长鑫存储成立，成为中国唯一的 DRAM 制造工厂，并在两年半的较短时间内，成功开发 DDR4 和 LPDDR4 两个 DRAM 型号。其在 DRAM、闪存、半导体制造工艺、存储器接口技术等方面均有良好表现，这得益于 2006 年从英飞凌拆分单独运营的德国奇梦达。

2016 年，长江存储成立，成为中国最大的 Flash 制造工厂。

2.5.9 消费电子是做大产业的主战场

智能手机、个人计算机（PC）、汽车、物联网、服务器、电视机和平板电脑使用了当今所有半导体产品的绝大部分，尤其是智能手机在所有半导体销售额中占比最大，其次是个人计算机。加上来自服务器、网络设备和物联网的需求，这使得信息通信技术（ICT）行业成为芯片的最大消费者。汽车行业则主导着半导体的工业需求，此外医疗设备的生产也是一个相当大的贡献者。其他消费电子产品以数字电视机、平板电脑、视频游戏机和机顶盒的形式构成了另一个重要的需求来源。今天全球范围内来自政府采购和国防采购的需求相对较小，介于芯片总需求的 1%～2% 之间。

美国半导体产业协会统计了 2020 年全球半导体产品 4400 亿

美元的收入来源构成，其中个人计算机和智能手机两者相加高达2354亿美元，占63.5%。

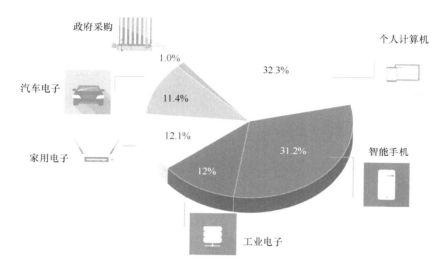

全球半导体产品市场构成示意图（2020 年）

数据来源：美国半导体产业协会

从我们自身的体验看，消费电子一直都是全球芯片采购的主力军。从 20 世纪 60 年代的收音机，到 70 年代的电视机，90 年代的个人计算机，再到 21 世纪初的笔记本电脑，直到平均人手至少一部的智能手机，都是消费电子的代表产品。

实际上，日本半导体产业之所以能在 20 世纪 80 年代中期赶超美国，也正是抓住了消费电子市场，而同期的美国芯片企业，完全没有把重心转移到消费电子上来。1964 年前后，美国集成电路产业 95% 由政府和国防采购；到了 1982 年，美国国防采购的集成电路产品下降到了 17.5%，但工业用途芯片高达 72.4%，只有 10.1% 用作消费用途。与之形成鲜明对比的是，日本其时由于缺乏与国防相关的采购，只能在消费电子市场发力，日本消费电子市场在 1982 年采购了本国生产的 55.4% 芯片产品。

对中国来说，虽然国防、汽车、工业等用途芯片更有价值、更有挑战、对国家更有意义，但拉动半导体产业规模见效最快的还是消费电子。从企业自身效益考虑，尽可能迅速地占领消费电子市场，是芯片企业做大做强的主要方式。

2.5.10 大规模出口是产业强大的重要标准

日本半导体在 20 世纪 80 年代之所以引起美国忌惮，两个原因：

- 日本半导体企业出口到美国市场顺风顺水。
- 美国半导体企业出口到日本市场困难重重。

从 1980 年到 1984 年，日本半导体对美国的出口额增长了 350%，陡峭的上扬曲线震动世界。

无论哪个产业，能出口才是真正的强大。中国的打火机、服装、玩具也是真正的强大，因为这些商品出口到了全世界，碾压了世界上其他任何一个国家的供应商。

中国半导体产业当前出口情况又如何？

2015—2020 年中国半导体出口金额示意图

数据来源：根据中国海关数据整理

从上图看，中国半导体产品出口"喜人"，不仅绝对数字"优异"，2021 年芯片出口金额高达 1537.9 亿美元；而且连续五年增长迅猛，出口额接近翻倍。

然而，**蒸蒸日上、总额惊人的芯片出口统计数据，隐藏的真相是中国芯片对外的几近零出口。**事实上，1537.9 亿美元主要由三部分构成：

- 存储芯片占一半以上，来自于西安三星、无锡海力士和大连英特尔的来料加工，这部分芯片在中国加工完成后，会回到其总部，显示为中国海关的芯片出口。

- 有一小半来自代工制造和封装测试的境外⊖订单贡献。

- 另有一小半来自于中国境内芯片的境外"一日游"。对于资本和人才密集型芯片设计企业，资金的周转极为重要。根据税收政策，芯片产品先出口再进口，与直接将芯片产品销售给境内客户相比，能够有效降低资金的积压。这就是国家和地方一直在探索集成电路全程保税政策的核心诉求所在，希望无需境外"一日游"，即能解决芯片企业资金积压的难题。

有朝一日，中国境内芯片设计企业实际出口到境外的芯片价值数以千亿美元计，则中国半导体企业将具有与美国同行掰手腕的资格。今天看，尚需十多年甚至数十年的努力！

⊖ 本书"境外""境内"中的"境"指的是关境。

第 3 章

三十年"转"（1992—2021）

1992 年，
韩国三星将日本 NEC 挤下了半导体第一的宝座。
日本半导体产业的最绚丽篇章徐徐落下帷幕。

3.1 国际大环境

3.1.1 韩国借势补位独占存储芯片工业

随着《日美半导体协议》的签署,处于浪潮之巅的日本半导体芯片产业掉头滑向深渊。DRAM存储芯片受打击最大,从最高点近80%的全球市场份额,一路跌到2010年的10%,到2021年基本归零。可以说,和美国人这一战,日本此前积累的本钱基本赔光,举国辛苦奋斗11年(从1975年到1986年),一朝被打回从前。

但日本人吐出的肉,并没有落到美国人嘴里,因为硅谷超过七成的科技企业砍掉了DRAM业务(包括英特尔和AMD)。1986年之后,美国人的存储芯片市场份额一直在20%左右。

那么,这约70%的巨量市场进了谁的肚子?

答案是韩国。

三星抱上美国的大腿,等于从背后给了日本一刀,日本彻底出局。如果没有三星补刀,日本半导体芯片尚有走出困境的希望。美国人用《日美半导体协议》束缚日本人,并挥动反倾销大棒对其胖揍,但日本半导体存储芯片产业受的只是皮肉伤,因为硅谷的企业超过七成退出了半导体存储芯片行业,市场仍然牢牢掌握在日本人手中。熬过去后,又可以东山再起,毕竟在全球半导体芯片产业链上,日本还是一支难以替代的力量。

三星加入战团并主动站队美国后,难以替代的日本一下子变得可有可无,韩国由此成为新宠。随后,三星的DRAM"双向型数据通选方案"获得美国半导体标准化委员会的认可,成为与微处理器匹配的内存，日本则被排除在外。这样，三星顺利搭上微处理器推动的个人计算机时代快车，领先日本企业。

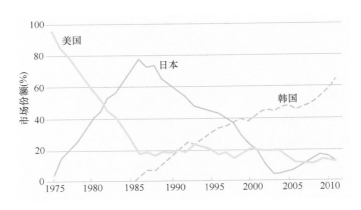

日本、韩国、美国 DRAM 产业变迁示意图

图片来源：日本电子与信息技术工业协会

　　从上面的 DRAM 份额图中可以发现，**日本的份额呈断崖式下跌，韩国的则是一条陡峭的上升曲线，一上一下两条线形成一把巨大的剪刀，剪掉的是日本半导体芯片的未来。** 从 1987 年到 2001 年的 14 年间，日本 DRAM 的全球市场份额从约 75% 迅速下降到约 20%，而韩国 DRAM 则从约 5% 急剧上升到 40%。在这个过程中，日本和韩国的份额在 1998 年逆转，从那时起，韩国成为 DRAM 全球市场份额第一。此后，即使日本政府密集出台半导体产业扶持政策，并投入大量资金，但也无力回天，日本半导体芯片出局的命运已定。

　　直到今天，仍有观点认为，**韩国半导体芯片的崛起，日本半导体芯片的衰落，是产业转移的结果。** 这是不准确的，因为产业转移是生产线/工厂从高劳动力成本地区向低劳动力成本地区迁移，日本的半导体芯片企业并没有向韩国迁移生产线，而是直接被替代，并且韩国相对日本也没有明显的劳动力成本优势。美国实际上是联手韩国，重组了全球半导体产业供应链，将日本从供应链上抹去，使一支在全球看起来不可或缺的产业力量消失得干干净净。

3.1.2 并购和剥离成为半导体行业主旋律

整个半导体行业，龙头企业一直在做两件事情：

其一，通过收购创业小企业拓展技术品种。

其二，通过剥离非核心竞争业务进一步聚焦主业。

这是全球半导体龙头企业保持市场竞争力和保持创新活力的典型做法，是在内部创新之外，无法规避的创新战略路线。

近年来半导体行业掀起整合浪潮，使得并购交易量屡创历史新高。其中约一半交易发生在一国或地区之内，即买家和标的企业来自同一国家或地区；另有一半则是跨境收购。经合组织统计了 1993 年到 2018 年的半导体产业跨境收购情况，数据显示美国是最大买家，其次是中国大陆地区。

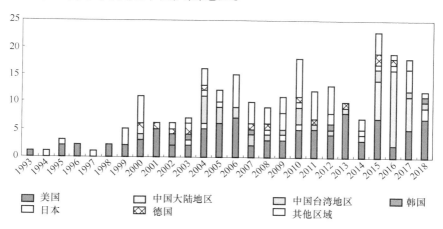

半导体产业跨境收购示意图（1993—2018）

数据来源：经合组织（只包括已交割完成的交易）

因为大型企业可以更容易地筹集资金来收购较小的业内企业，而**美国半导体巨头最为集中，因此来自美国的买家占据全球半导体跨境并购的主导地位，这在一定程度上也反映了美国企业在全球半导体价值链中的主导地位。**

这些跨境收购的标的企业主要位于美国、欧洲、日本、新加坡和中国台湾地区。

近年来已经很少有半导体跨境并购是为了单纯进入境外市场或纯粹增加产能，大部分交易都会涉及获取特定想要的技术，因此通常与形成技术和产品互补能力相关，或者是巩固在自身强项领域的全球地位。例如，美国美光收购日本存储芯片企业尔必达，即为帮助巩固美光在内存领域的地位。

并购和拆分之所以成为半导体产业的主旋律，主要是因为并购和拆分能快速提高半导体企业的规模，或大幅提升半导体企业的盈利能力，或满足半导体企业更专注经营的需要。

试举四个案例，一个做大，三个做强。

案例1：美国应用材料（AMAT）

从1997年到2011年，美国应用材料通过连续9次重大并购，赶超日本东京电子，成为技术最全面、规模最大、覆盖客户最宽的泛半导体设备企业。

● **1997年**，集成电路生产过程监测和控制设备市场兴起。应用材料先后分别以1.75亿美元和1.1亿美元收购了以色列奥珀尔（Opal）技术和以色列奥博特（Orbot）仪器。

● **1998年**，应用材料为弥补自身在集成半导体和电子制造执行系统（MES）软件上的短板，以换股方式收购了当时全球最大的MES企业康西利姆（Consilium）。

- **2000 年**，应用材料为了进入光掩模市场和薄膜晶体管阵列测试领域，以换股并购的方式收购了其时全球最大的光掩模制造系统企业易科系统（Etec Systems）。

- **2001 年**，应用材料以 2100 万美元收购以色列奥拉米尔（Oramir），从而获得半导体硅片激光清洗技术。

- **2006 年**，应用材料支付约 5 亿美元收购应用薄膜（Applied Films），成为平板显示器、太阳电池、柔性电子材料以及节能玻璃制造用薄膜沉积设备的主供应商。

- **2008 年**，应用材料以 3.3 亿美元收购了意大利巴奇尼（Baccini），并以此作为跳板进入意大利市场。

- **2009 年**，应用材料为强化晶圆级封装（WLP）和铜互连工艺技术，以 3.64 亿美元收购了半工（Semitool），帮助其在封装领域获得一部分新的客户。

- **2011 年**，应用材料耗费 50 亿美元收购了半导体制造商瓦里安（Varian），拿下了离子注入系统的设计与制造技术，以及太阳电池板和发光二极管相关设备技术，让其在半导体、新能源、面板显示跨领域布局得以进一步的坚实。

案例 2：美国德州仪器（TI）

事实证明，那些通过收购和剥离来实现业务专业化的半导体企业，通常比那些没有这样做的企业的净利润率能提高 10%。德州仪器就是一个很好的例子。20 世纪 80 年代时，半导体产业流行一种说法："**德州仪器制造了半导体产业中除了钱以外的一切产品**"，这是在说德州仪器几乎在制造所有的芯片品种。

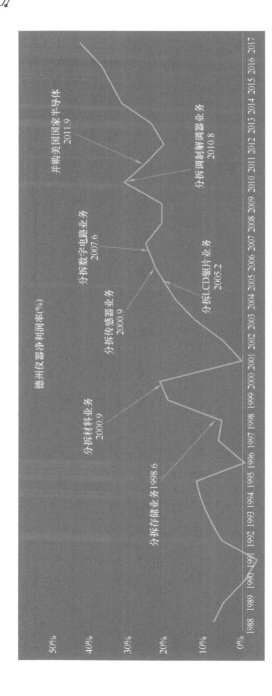

德州仪器历年拆分并购与净利润率关联示意图

数据来源：德州仪器官网

上图仅展示了历年的重大业务剥离情况，其实德州仪器在过去 30 年完成的并购超过了 50 项，是世界半导体企业中以并购做大规模的典范。自 2000 年以来，通过一系列收购、剥离和业务终止，德州仪器将其业务重点放在模拟和电子元器件上。得益于此，德州仪器从平均净利润率不到 10% 的盈利能力发展到了 2017 年 40% 的净利润率，成为半导体行业盈利能力最强的少数企业之一。

案例 3：美国安华高（Avago）

安华高又是一个通过并购和分拆实现专业化的经典案例，它通过收购在无线通信和网络行业实现了非常强大的市场份额。

安华高脱胎于惠普的半导体部门，2008 年收购了英飞凌 BAW（体声波）滤波器业务，为其在高端滤波器市场的垄断地位打下坚实的基础。2013 年收购 Javelin 半导体，取得 3G CMOS 射频技术，以应对高通推出基于 CMOS 的多模多频射频产品线的挑战。2014 年，安华高斥资 66 亿美元收购 LSI，并转手将 LSI 的 Axxia 网络业务以 6.5 亿美元出售给英特尔，将 LSI 的闪存业务以 4.5 亿美元出

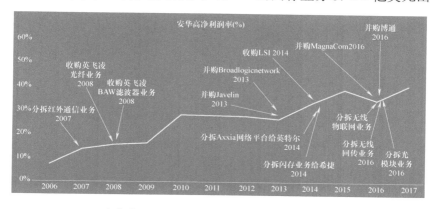

安华高历年拆分并购与净利润率关联示意图

数据来源：安华高官网

售给希捷。2015 年，安华高"小鱼吃大鱼"，以 370 亿美元的代价收购了体量比自己更大的博通，这场"入赘"式的收购完成后，安华高索性把企业更名为"博通"。

案例4：荷兰恩智浦（NXP）

NXP 是一个通过主动作为从而聚焦专业领域的经典案例。2014 年，NXP 超过 30% 的收入来自标准产品（包括分立器件等）。然而，在此后五年里，这个百分比变得微不足道，NXP 超过 90% 的收入来自汽车和安全这两个主要领域，把全部精力投入到高毛利率领域。

NXP 最大的两次拆分都与中国颇有渊源，第一次是 2015 年以 18 亿美元出售射频功放业务，第二次是 2017 年以 27.5 亿美元出售标准产品业务，均被中国买家收入囊中。其中标准件业务，即为今天的安世半导体前身。

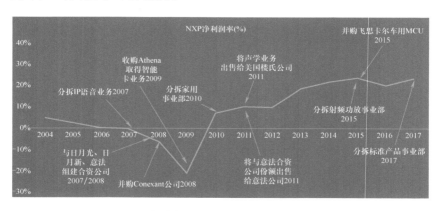

NXP 历年分拆并购与净利润率关联示意图

数据来源：NXP 官网

3.1.3 全球普遍存在的政府资金支持

根据经合组织统计，2014 年到 2018 年这 5 年期间，全球 21

家大型半导体设计、制造、封装测试企业都获得了大量政府资金支持。统计发现，半导体主要国家和地区均对半导体企业进行了大资金量的扶持，其中美国直接支持力度最大。政府支持其本土

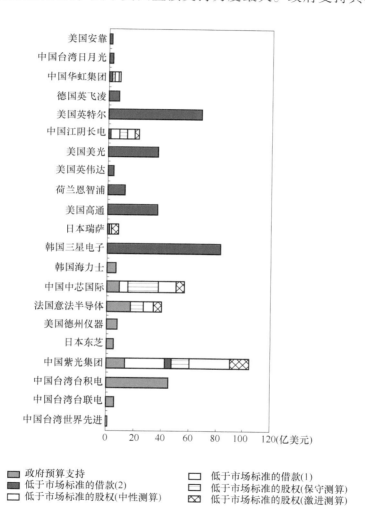

大型半导体企业从政府获得支持示意图

资料来源：经合组织（其中东芝数据为 2013—2017 年）

半导体骨干企业的方式多种多样，既有低于市场标准的股权投资，也有资金支持跨境并购或协助技术收购。

2014 年到 2018 年这 5 年期间，**相关政府对这 21 家大型半导体企业提供的资金总额已超过 500 亿美元**，主要包括政府预算扶持（补助、税收减免等），政府通过金融系统以低于市场的利率给予借款，企业按低于市场的标准进行股权投资参与。

政府主要有三种支持方式。

● 政府预算支持

政府预算支持往往可以分为两类。

一是研发补助。由于半导体行业是研发密集度最高的行业，因此相当部分政府资金都是针对半导体企业的研发活动，经常通过研发资助来实现。

二是投资激励。除了对研发的支持之外，大部分预算支持都属于广泛的投资激励类别。最常见的是税收优惠，广泛存在于美国、韩国、中国、爱尔兰、以色列、意大利、马来西亚、菲律宾、新加坡等国家和地区。投资激励政策一般不区分境内企业和境外企业，但它们通常会鼓励半导体企业开展政府期待的、比正常市场投资更大规模的投资项目，政府会预先将稀缺的公共资源从政府其他支出事项中转移出去给予支持的大型项目。

21 家企业样本中，政府预算支持的前 10 家依次为韩国三星电子、美国英特尔、中国台湾台积电、美国高通、美国美光、荷兰恩智浦、中国紫光、德国英飞凌、美国德州仪器、韩国海力士。这是一个很有趣的结论，**美国是这个世界上政府扶持半导体大型企业力度最大的国家**，完全颠覆了此前舆论普遍认为中国政府给予半导体企业补贴和税收优惠力度最大的错误形象。具体来说，美国大型半导体企业所获政府预算扶持占了前10家中的4家，韩国和欧盟则各占2席，中国占2席（其中，大陆地区和台湾地区各占1席）。

美国政府对研发活动支持的力度，从另外一个角度也可以清晰地呈现出来。经合组织统计了2016年全球主要国家由政府给予商业企业研究与开发（BERD）直接资助和税收支持的力度，按占GDP比重看，俄罗斯、法国、比利时位居前三，美国名列第八，中国名列第20名。考虑到美国GDP远超俄罗斯、法国、比利时等国，因此政府给予BERD直接资助和税收支持的总额统计口径上，美国遥遥领先于世界其他国家。

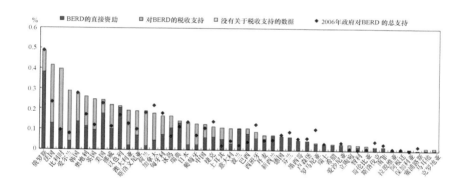

政府对BERD直接资助和税收支持占GDP百分比（2016年）

数据来源：经合组织

- 股权和债权支持

从样本看，美国几乎没有以股权和债权方式扶持大型半导体企业；欧洲政府有少部分以债权方式扶持，日本、韩国对大型半导体企业有少量债权支持，但基本没有股权支持。

中国大型半导体企业是股权渠道（"低于市场标准的股权投资"）和债权渠道（"低于市场标准的借款"）支持的主要受益者。

在 21 家全球大型企业样本中，中国企业占股权渠道支持的 86%，这反映了中国政府在中央和地方层面对国内半导体企业的大量投资，深刻地重塑了中国的半导体产业。同样，中国企业获得了样本中 98% 的债权渠道的支持。

这是相对合理的一种结果。

全球范围看，中国之外的大型半导体企业，均已早早完成了资本原始积累和技术经验积累，有自我滚动投资和持续发展的能力。中国的大部分半导体企业，起步远晚于国际同行，部分蹒跚学步，部分身体羸弱，在可预见的 5～10 年内，政府扶上马送一程是负责任的发展产业态度。

样本中，日本大型半导体企业包括瑞萨和东芝，所获政府扶持相较其他国家和地区要明显偏低，这可能与日本总体经济萧条、政府财政实力下滑、对产业关注点转移等因素有关。

3.1.4　半导体产业正式进入周期运转

在 1993 年以前，全球半导体产业的周期性特征并不明显。从那开始的这 30 年，全球半导体产业表现出非常鲜明的周期性运转特征，每一次产业波峰相隔 3～5 年，波谷也相隔 3～5 年，也就是所谓的半导体产业大年和小年。**每一次新的大年，都代表着半导体产业规模的又一次跃升；每一次新的小年，则是半导体产业退一进二的积蓄能量。**

从宏观上看，产业规模的跃升，是全体半导体企业做大做强的机会，也是不断涌现的半导体创业企业通过增量市场站稳脚跟的好机会。

从中观上看，全球半导体产业每一次向波谷跌落，必将对全

体从业企业带来收入、利润的直接冲击，会带走一部分未能挺过
产业周期大风大浪冲击的半导体企业。

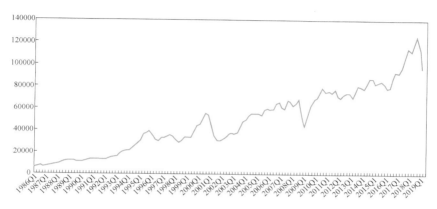

全球按季度半导体产值统计（单位：百万美元）

数据来源：世界半导体贸易统计组织

再把目光收近，从近12年的情况看，这个波峰波谷则更加明
显，并且整个世界半导体产业规模呈现出显著的螺旋式上升趋势。
2013年全球半导体市场销售额突破3000亿美元，2017年又突破
了4000亿美元，2021年更突破了5000亿美元。

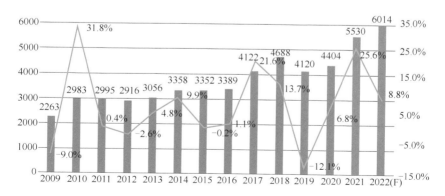

2009—2022年全球半导体市场销售示意图

数据来源：世界半导体贸易统计组织

3.1.5　龙头企业通吃利润进一步强化

2014—2018 年，在经合组织选取的全球 21 家大型半导体企业中，大部分半导体企业的股市表现低于市场平均回报。一方面，是由于半导体价值链因素，所有三家封装测试企业（美国安靠、中国台湾日月光和中国江阴长电）所在细分市场利润率较低，不能代表整个半导体行业。另一方面，真正能横跨五年时间表现都好于市场平均水平的，只有各个细分市场的龙头企业。下图中，灰色背景表示相关企业在该年份股市表现低于市场平均回报率，背景未标灰色则表明相关企业在该年份股市表现超过市场平均回报率。

公司	2018	2017	2016	2015	2014
美国安靠					
中国台湾日月光					
中国华虹集团					
德国英飞凌					
美国英特尔					
中国江阴长电					
美国美光					
美国英伟达					
荷兰恩智浦					
美国高通					
日本瑞萨					
韩国三星电子					
韩国海力士					
中国中芯国际					
法国意法半导体					
美国德州仪器					
日本东芝					
中国紫光集团					
中国台湾台积电					
中国台湾台联电					
中国台湾世界先进					

2014—2018 大型半导体企业股市表现与市场平均回报率的比较

资料来源：经合组织

连续五年盈利能力突出的企业：

- 美国英特尔，CPU 龙头。
- 美国英伟达，GPU 龙头。
- 德国英飞凌，车用电子龙头。
- 美国德州仪器，模拟芯片龙头。
- 中国台湾台积电，代工龙头。

成为龙头企业但没有实现五年良好表现的企业：

- 美国高通，因为与苹果专利纠纷，严重影响其净利润表现。不是龙头企业但实现五年良好表现的企业：

- 中国台湾世界先进，这家特色代工企业只有 8 英寸工艺，既有第一大股东台积电的分流订单支持，又无需大额资本支出。该企业旗帜鲜明地明确以利润为导向，追求利润高于营收成长。

从资产回报率和净资产回报率看，同样是细分领域龙头企业全面占优，如下图所示。

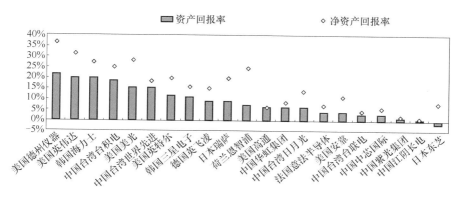

2014—2018 年大型半导体企业资产回报率和净资产回报率

数据来源：经合组织

3.2 日本小环境

3.2.1 自行吹出巨大泡沫

1986 年 4 月，日本开启扩张性货币政策，连续 5 次下调官方贴现利率，从 5% 降至 1987 年的 2.5%，货币供应量迅速增长。同时，日本全方位金融自由化，包括利率市场化、汇率自由浮动、资本项目开放等。1987 年 5 月更是实施了紧急经济对策，进一步刺激经济，叠加人口红利的释放，经济延续繁荣。

日本政府主导吹起来一个巨大的泡沫，伴随的是绝大部分日本人心态膨胀了。二战战场上输给了美国，那么经济上要把美国踩在脚下。日本整个社会都呈现出一片欣欣向荣的景象，政府开始了大规模的城市建设，企业在世界各地投资房地产，上层社会纷纷用打高尔夫球或滑雪来彰显自己的身份，普通上班族也都挥舞着万元面值现钞出入高档消费场所。这段经济景气的大好形势，从 1986 年 12 月开始至 1991 年 9 月结束，持续了 58 个月。

日本股市的平均市盈率一度达到 100 倍以上。1989 年日本股市达到顶峰，东京证券交易所的市值占了全球证券市场市值的 28%，成交量比老牌的美国纽约证券交易所高出 2 倍。日元汇率短期内飙升 3 倍，大量日本家庭主妇成为外汇市场的主力炒家，也称"和服炒手"。

日本泡沫经济导致资本大量流向房地产，大幅降低了对高科技领域的投资力度。几个经济神话陆续被摧毁：

- 土地价格将继续上涨的"土地神话"。

- 金融机构永远不会倒的 "银行神话"。
- 企业工作等于终生保障的 "企业神话"。
- 日本消费者需求永远在扩大的 "消费神话"。

3.2.2 通产省神话的破灭

二战后日本经济增长大致分为高中低三个阶段。

- 1973 年石油危机前的大约 20 年，日本经济保持了年均约 10% 的高增速，其中 1968 年跃升为世界第二大经济体。

- 1973—1992 年回落至年均 5% 左右，期间正是日美贸易战的关键阶段。日美贸易战肇始于 20 世纪 60 年代，发展于 70 年代，激化于 80 年代，直到 90 年代初大型贸易对抗才偃旗息鼓。

- 1992 年后年均增长率降至 2% 以下，2008 年金融危机时一度负增长。

在日本高速和中速增长阶段，产业政策对日本经济追赶和产业竞争力提升起到了显著促进作用。进入低增长阶段后，产业政策的弊端逐步显现，更多是反思和调整。

当走完贸易立国发展战略、重化工发展战略阶段之后，日本开始进入技术立国的发展战略阶段。日本经济复杂性越加复杂，技术创新的不确定性越来越大，通产省的失误率在提高。**技术创新的成败取决于诸多复杂的因素，而政府主导模式将放大 "不确定性" 的破坏作用。**有时，这种放大的破坏作用十分惊人。近三十年，信息技术越加渗透，硅谷带动技术日新月异，通产省的技术官员们已经很难跟得上如此复杂的技术世界，通产省神话的终结成为日本模式无法逃脱的一种历史宿命。

通产省曾按照全球高科技产业趋势，大力发展超大规模集成电路（VLSI）、下一代电子计算机、高清电视（HDTV）、智能机器人、生物医药等高科技产业，并制定了雄心勃勃的技术跨越计划，很多都属于原始创新的技术。但是在具体实践中，**通产省曾经全力阻止丰田从摩托车业务进入汽车业务，仅仅是因为不希望日本出现更多汽车制造企业，认定日本汽车企业够多了，其他企业没有必要出现。**

方向对了，大家会聚焦于一点突破。

方向错了，大家可能会浪费好多年。

3.2.3　企业大而不能倒

日本是"大而不能倒"概念的诞生地。

"大而不能倒"（too big to fail，TBTF）是银行和金融领域的一种理论。它断言某些企业，特别是金融机构，是如此之大，如此相互关联，以至于它们的失败对更大的经济体系将是灾难性的。因此，当这些巨无霸机构面临潜在的失败时，它们必须得到政府的支持。这个概念也延伸到日本银行和金融领域之外的其他经济领域。

如果继续坚持大而不能倒，那么就没有创新，更没有新设创新企业的生存空间，只有笨拙的巨人。

东芝是"大而不能倒"的典型案例。

东芝曾经是"日本之光"，是日本工业的标志。东芝在日本拥有 10 万多名员工，分布在核反应堆、电视机、电梯制造、闪存芯片、照明设备、雷达、化学、生活基础设施等产业领域。由于美国子公司西屋电气 2017 年申请破产，东芝退出了除日本之外的全球所有核电建设新项目。但东芝在日本仍然拥有重要的核电业务，它在福岛第一核电站的核反应堆需要进行退役，该核电站是 2011 年日本"3·11"大地震和海啸后发生重大核灾难的所在地。

东芝不断分拆自救

图片来源：媒体报道

东芝对日本来说"太大了"，日本政府很难接受如此一家日本标志性企业破产。2015 年，东芝爆出全球瞩目的财务造假丑闻，日本政府不得不匆忙筹集现金填坑。2016 年，东芝以 6660 亿日元（60 亿美元）的价格出售了其医疗部门。2017 年，东芝以 1.34 亿美元的价格出售了所持东芝机械几乎全部股份，以 4.73 亿美元向中国美的出售了东芝家电 80.1% 股权，以 180 亿美元向美国贝恩资本出售了东芝乃至整个日本最有价值的半导体业务：东芝闪存事业部。

东芝剥离了所有这些业务，还会剩下什么样的企业呢？东芝表示，它现在将专注于其"社会基础设施业务"，即空调机组和电梯类产品。显而易见，东芝现已沦为仅剩躯壳，这对这家拥有 142 年历史的旗帜型企业来说是难以承受之重。

在此背景下，日本产业界有人士认为，一度作为日本制造象征的东芝解体对日本未必是坏事，而是一种全新的信号，表明日本已经在被动地进行重大的结构性改革，以便在国际上具有竞争力。

3.2.4 缺乏跨国引智文化

人们常说，硅谷吸引了来自世界各地的人才，整个美国的高科技产业几乎都是由移民贡献的。

日本则完全缺乏移民文化。

● 日本是单语国家

日本国内几乎每个人都说日语，有一小部分人会说英语。但作为日本企业的员工，所参加的所有会议、处理的所有文件，几乎都使用日语。相比之下，在硅谷的每家企业中，印地语、汉语、英语等均广泛使用，硅谷的会议和文档几乎总是用英语进行。

● 日本是单一文化国家

日本人基本上不会为少数移民调整自己的做事方式。移民，无论来自美国还是中国，更多感受到的是一个局外人。相比之下，硅谷奉行多元文化，每一种文化都可以找到合适的归宿群体。

● 外国人在日本企业中的向上流动很少

对于一个非日本人来说，赢得日本管理层的信任非常困难。

● 在日本获得永久居留权或公民身份非常困难

他们欢迎游客，但不鼓励移民。

3.2.5 没有硅谷难有原创

东京一直都是世界级的大都市，与纽约、伦敦、上海、北京并称。在科技创新方面，东京对标的可能也是纽约，而不是硅谷。日本没有硅谷，虽然东京郊外的筑波山麓常常被认为是日本的硅谷。日本政府在筑波科学城内建立了筑波大学，并以之为中心，培育大学与产业之间，科学城内各研究机构之间的协同合作。筑波已经成为一个综合的研究中心，筑波大学也为各个研究机构输送了大量优秀的后备人才，但它并没有贡献出大量的创业人才和创新企业。

1. 缺乏创业氛围

日本人总体上缺少拿着发明去开创新企业和新事业的氛围。从 20 世纪 50 年代日本从美国引入半导体技术，到 20 世纪 90 年代日本登顶世界半导体王座，都不例外。这些 20 世纪 90 年代的半导体巨头，在 40 年前就是老牌大型企业。无论是 20 世纪 90 年代，还是今天，都很难找到新鲜血液，很难找到几家有国际影响力的半导体企业是这 40 年内新成立的。

在美国硅谷，放弃大型科技企业的优厚待遇，投身到需要苦苦挣扎和奋斗的创业企业，是几代科技企业家共同的成年礼，是硅谷最有野心的年轻人的必走之路。

在日本则不同，大部分年轻人都梦想着在一家稳定的大企业工作。年轻人中雄心勃勃的那部分优秀人才，则都梦想着在一家稳定的大企业出人头地。全球创业监测调查显示，只有 6% 的日本人认为有机会在日本创业；各项指标显示，日本是发达国家中创业水平最低的国家之一。

在日本，投身初创企业是一种非常激进的行为。这种对初创企业、企业文化和风险规避态度的迥异，能部分解释为什么日本失去了众多技术领域的领导地位。与此同时，那些少数派创业企业家由于无法招募到足够多、足够优秀的人才，纷纷谴责日本大型财团一直遵循的终身雇佣制。**终身雇佣制会熏陶一代又一代年轻人，追寻他们父辈的"工薪族"铁饭碗路线，一拨接一拨地投身到臃肿的巨无霸大型企业，而不考虑加入新创业的小企业，甚至都不轻易考虑从一个企业跳槽到另一个企业。**有一个科技创业企业负责人曾讲："几年前我们有一个实习生，这个实习生很难向他的父母解释创业企业是什么。他父母认为一个刚成立的小企业是不靠谱的，不是一个有追求的年轻人应该去的地方。"

也许是日本成功的过去拖累了现在。20 世纪日本电子信息产业的巨大成功，形成了为大型企业场所工作是规避风险的文化，这种文化数十年都难以改变。

2. 缺乏创业人才

相传有个故事。有个富翁，高薪请来一个厨师，厨师自称是太师府厨房饺子组的人。富翁说："你明天做几个饺子给我尝尝吧。"新来的厨师说："我做不来"。富翁奇怪了："你来自顶级厨房的饺子小组，听说还是那个饺子组缺少不了的厨师，怎么不会做饺子？"厨师回答："我是饺子组里负责剥葱丝的。"

大企业和大厨房何其相似。如果一个国家，大企业挤占了最多的资源、小企业群体没法生存，就相当于没有很多的小厨房，又有几个厨师懂得饺子的做法呢？那些大厨房，厨师总量虽多，但也只有达到了一定管理级别的极少部分厨师，才有机会了解整个饺子的制作方法。

日本虽有很好的半导体大企业，但却没有半导体小企业群体。在这样的背景下，即使配上充裕的资金环境，有能力离开大企业创新创业的从业人员又有几人呢？

3. 停留在痴迷于硬件的旧时代

硅谷的另一个特性，是在很多年前就认可了软件、内容的价值。以 IBM 为例，作为曾经的硬件霸主，早就不是科技界的明星。当然 IBM 也认识到这一点，早早地把计算机事业部卖给了联想，专注于软件和内容产业。

日本在科技产业上，则仍然痴迷于硬件。然而，日本人也能够认识到，现在几乎任何硬件都可以被其他竞争对手迅速学会并复制推广，日本并没有成本优势，也没有市场优势。

结果是，日本软件企业并不具有创新性；当然，也有一些日本大型软件企业，比如游戏企业，但游戏如何改变世界呢？依靠元宇宙吗？

4. 资金生态系统缺失

日本作为世界上第三大经济体，一直以来都缺乏初创企业所需的资金生态系统——天使投资人和风险投资机构。

根据第三方机构日本风险投资中心的数据，全日本的风险投资企业近年来年均投资金额为 10 ~ 20 亿美元，远低于美国年均 300 ~ 500 亿美元规模，也与中国每年数千亿元人民币风险投资支出相形见绌。

5. 创业退出通道狭窄

在美国，80% 的创业企业是通过出售给一家大企业来退出的。像高通、德州仪器、谷歌、苹果这样的企业积极收购创新型创业企业，巨头渴望硅谷冒出越来越多的创业企业，他们愿意出高价收购它们。然而，**在日本，在成功退出的创业企业中，只有 20%** 是被出售给更大的企业。主要原因在于，日本大型企业更喜欢在其内部开发技术。由于潜在买家很少，风险投资企业很难卖出他们手头的创业企业，这是创业资金生态系统缺失的真正原因。

创业如果不能随时出售，那能算硅谷模式吗？

6. 监管体系不利于创业

日本的官僚主义和监管体制是科技初创企业无法扩大规模的另一个原因。日本政府对产业的卷入程度远高于美国，政府部门权力大，审批程序偏复杂，特别是倾向于保护已经壮大起来的企业，这点对高科技创业企业非常不利。

2016 年，世界银行《营商环境报告》将日本列为 183 个国家和地区创新容易程度排行榜的第 107 位。

在 2019 年第三方统计的 475 家独角兽企业里，美国有 225 家，中国有 123 家，日本只有 3 家。

2020 年 7 月，日本政府宣布，要用 10 年时间，在其国内的四个地区 12 个城市建立日本硅谷。这些区域包括东京及周边的横滨市、筑波市、茨城县，爱知县中部的名古屋市和滨松市，关西地区的大阪市、神户市、京都市，以及福冈周边的四个城市。这是日本政府在为最繁华地区设定创新的时间框架，期望每个城市在 10 年内能出现五家或更多独角兽企业。

日本民间并不完全认可政府的举措，有以下三种代表性的观点：

● 真正的硅谷是美国政府、学术界和军方一百多年积累的产物，所有这些都是由几十年来逐渐积累的文化氛围所塑造的。不明白的是，为什么日本政府相信日本能在不到 10 年的时间里在 12 个城市各培育出一个硅谷。

● 独角兽企业之所以被称为"独角兽"，是因为这些创业企业走向成功的概率，跟独角兽这种神兽一样罕见且不可预测。政府如何能够在给定的时间范围内培育一群独角兽呢。

* 硅谷位于大都会纽约的另一端，深圳位于大都会北京的另一端。那么，日本为什么把硅谷放在大都会东京身边呢。

日本前首相中曾根康弘曾感慨，日本企业家普遍保守，放眼望去，全日本真正具有冒险家精神和开拓意识的只有两位，一位是索尼的盛田昭夫，另一位是丰田英二。丰田英二 1967 年至 1982 年担任丰田社长，实现了丰田从日本汽车工厂走向世界汽车巨头的转变，曾在 1999 年被美国《时代》杂志评为 20 世纪亚洲最有影响力的二十人之一。

3.3 日本半导体产业布局

3.3.1 转型系统级芯片

日本 DRAM 存储芯片梦成（1985）梦醒（1992）。

在日本众多半导体巨头的梦醒时分，东芝是较早开始转型的企业。2001 年，东芝宣布退出通用 DRAM 领域，随后成立系统级芯片（SoC）研发中心，专注并加大系统级芯片的投资，此后还与索尼、NEC、富士通、瑞萨等在系统级芯片开发方面采取了战略合作。

这是一方面，是日本企业自身向系统级芯片转型的自救。

另一方面，日本经济产业省还借鉴 20 世纪 70 年代末超大规模集成电路（VLSI）计划的联合攻关开发经验，于 2002 年推动东芝、NEC、日立、三菱电机、富士通、松下、罗姆、索尼、夏普、三洋电机等 11 家企业成立了先进系统级芯片基础技术开发公司

（Advanced SoC Platform Corp，ASPLA），共同推动系统级芯片工艺标准化和知识产权共享。

日本企业的转型战略有其合理之处：一方面，数字产品的普及和繁荣，使系统级芯片市场前景广阔；另一方面，日本企业转向汽车电子等领域的系统级芯片市场，也可以与日本在汽车等领域的制造优势协调发展。在向图像传感器、汽车电子和功率半导体等专用集成电路领域的转变中，以三菱电机为代表的日本企业在功率器件特别是 IGBT 厂商中占据了优势，索尼则在 CMOS 图像传感器领域占据了高端市场，瑞萨则在车用 MCU 方向上稳定在全球前五的位置。

3.3.2 看不清市场方向

1984 年，苹果推出了科技史上著名的广告《1984》，第一代 MAC 正式发售，奠定了未来的计算机形态，便携轻便，而不再是笨重的数百公斤重的大型计算机。

此时的日本，却没有看清楚这个市场形态的质变，并导致在早先的康庄大道、其时的歧路上越走越远，以致无法回头。

正所谓"**昔日之良药，今朝之砒霜**"。日本企业引以为傲的存储芯片产品，高质量、高成本、高售价，这种产品风格，为大型计算机和交换机市场所急需，是"良药"；但对于要求质量适用、成本优势显著、价格低廉的消费类市场，就是让计算机厂商敬而远之的"砒霜"。日本半导体产业界可能也部分看到了计算机小型化的趋势，但有两方面原因导致其无法顺利转型：

其一，大型计算机和交换机仍然有稳定的市场，抛弃或者忽视这些主流客户并不合适，因此需要保有这些产品。众所周知，日本企业对客户非常尊重,很难放弃自己的长期客户。温水煮青蛙,结果是日本企业坚持制造那些具备25年质保期的高成本、高价格产品。

其二,日本半导体企业在短期内,即使将上述产品销售到个人计算机市场也没有价格优势和成本优势,只有多余无用的高质量优势。同样是64MB DRAM存储芯片,日本产品所用掩模数量是韩国三星和美国美光的1.5~2倍。掩模与工序数量正相关,既增加了设备添置成本(折旧),也增加了加工工序成本。日本企业要彻底转变工艺路线,是一个非常艰难的过程,需要有急刹车的勇气和做出部分牺牲的觉悟。

在市场方向上,日本企业完全没有意识到个人计算机在半导体市场上相对传统大型计算机即将迅猛展开的碾压,因此没有迅速投资逻辑芯片,而是选择专注于DRAM存储芯片。而以英特尔为代表的芯片企业正在放弃存储芯片,专注于计算能力。结果,日本企业在内存芯片方面暴露在与韩国的残酷竞争中,又在逻辑芯片方面被美国高通、博通、英伟达、英特尔等远远地甩在后面。

看错了市场方向,也就直接导致日本选错下一代主打产品。

半导体产品行业标准制定有很多种,而DRAM设计架构标准化是由电子器件工程联合委员会(JEDEC)下属部门DRAM委员会召集供应商和需求者共同开会商讨而决定的。该委员会成员以DRAM企业为首,还包括服务器企业、个人计算机企业、主板制造商、微处理器制造商等。

日本企业动作最快,富士通领头在日本国内组成了"DDR存储器讨论组",成员还包括日立、东芝、NEC三大企业。随后,IBM、三菱、三星、现代、微软加入该组织,共同围绕构成DDR

三大技术（数据通选方式、时钟周期方式、界面方式）展开了探讨。其中，富士通提出的时钟周期方式与界面方式得到了企业界的认可，然而在数据通选方式上，出现了来自富士通和日立的"单向型数据通选方式"、三星电子的"双向型数据通选方式"两大提案，对于计算机系统重要部件 DRAM 而言，两种方案在技术层面上均确实可行。富士通方案更适合用于服务器，三星方案则更适合应用于个人计算机。20 世纪 90 年代，全球电子信息产业已步入个人计算机时代；经过半年商讨后，三星电子凭借研发与英特尔微处理器匹配度高的 DDR 最终获得了胜利。这意味着三星立即凭借对标准产品的早期开发，领先于日本为主的 DRAM 竞争对手抢占新产品市场，享受新产品所带来的高价格利润，并很快确立了强大的市场优势。富士通等日本半导体企业则不得不遵循"业界标准"重新设计产品，既造成了产品研发资金的浪费，也失去了抢占市场的良机。

3.3.3　看不清产业模式

日本半导体企业全体完美错过"Foundry（代工企业）/Fabless（纯芯片设计企业）"新趋势。这是整个日本半导体产业当年吞下的第二贴"良药 + 砒霜"。

在 1987 年之前，全球的集成电路行业都是 IDM 模式，即在企业内部完成芯片设计、生产和封装测试三个流程。英特尔、三星电子等巨头均采取这种模式，直至今天这两个巨头仍然是 IDM 的代表企业。英特尔等 IDM 巨头的芯片生产能力除了满足自身需求外，偶尔也向外部提供少量的芯片加工制造服务作为副业，当时市场上并没有专业的代工服务。随着产品的工业化程度加深，社会分工越加专业化。中国台湾地区的台积电首创了纯代工企业业务，让芯片设计企业从资本密集、资产密集的制造业务中解脱出来。

相对于美国英特尔这样的集成电路 IDM 企业，日本企业并非严格意义上的 IDM 企业，它们比 IDM 走得更远、上下游捆绑得更紧密。我们不妨把日本半导体产业的这一模式称为 IDMP，这里 P 指产品。**IDMP 模式曾经是日本半导体企业占领日本本土市场的"灵丹妙药"。**日本的半导体业务几乎都是大企业下的子部门，其半导体技术和芯片产品的需求，完全来自于企业自身终端产品的需要。换言之，日本半导体企业的客户多半是自己的母公司，需求稳定而可靠。在半导体发展早期，日本凭借其 IDMP 模式取得了显著的领先优势，尤其是日本企业在小家电等终端市场上的辉煌成就，间接带动了日本半导体产业的腾飞，培育出了索尼、NEC、东芝、日立、富士通这些世界级的电子综合企业。

在产业环境发生翻天覆地的变化时，产业模式的合理性也会受到严峻的挑战，"良药"瞬间变为"砒霜"。IDMP 模式很容易因为母公司的波动而发生不可抗的波动。首先，大企业的半导体部门销售方向和研发方向固定，缺乏竞争环境，技术创新动力弱。其次，半导体部门很容易受到企业终端部门的影响，终端销售好，半导体部门业绩就好，反之亦然。日本曾经占据了半导体产业下游应用的大部分风口，包括电视机、个人计算机、收音机、家电等；当风口转移到手机、平板电脑等移动智能终端时，日本终端制造快速萎缩，导致全球前六大手机厂商难觅日本企业，间接导致了日本半导体产业的萎缩。在大型企业里养尊处优的半导体部门，也缺乏创新的动力，企业效益不好，对半导体部门的研发支持相应减少。加之日本传统的终身雇佣制，年轻人以进入大厂工作一辈子为目标。日本大企业之外很难见到美国硅谷式半导体创业的星星之火。

美国、欧洲作为半导体强势区域，也有过 IDMP 模式的过程，只是他们转型得更早、更坚决。美国 IBM 在 20 世纪六七十年代时，业务覆盖从芯片到计算机终端的全产业链，在技术门槛和资本门槛均极高的大型计算机时代保持着极大的优势。在进入看重成本和快速迭代的个人计算机时代后，IBM 不得不接受了英特尔提供 CPU 和指令集的局面，这是专业化分工的必然。欧洲半导体企业在早期，也是由大型终端企业内部孵化出来的。

从 1990 年以来，以台积电为代表的专业代工企业已在世界半导体舞台取得一席之地，纯芯片设计企业大量涌现。半导体产业发展的趋势是分工，分工越来越精细。在这种情况下，放眼日本上下，竟然找不到一家纯粹的半导体企业，索尼、东芝、三菱、松下、NEC、日立、富士通全是综合电子企业；更不要说找出一家真正的设计企业、代工企业。

从模式的时间演进看，笔者认为，IDM 模式是"Foundry/Fabless"模式的父辈。而日本所有半导体企业，相当于美国英特尔在其 IDM 基础上再加上个人计算机、笔记本电脑、家电业务，延伸更长，集成更多，笔者认为这种"IDMP"应是祖辈的模式。

现在我们看到，台积电、高通、英伟达、博通等选择了最年轻的"Foundry/Fabless"模式，朝气蓬勃！英特尔、德州仪器、恩智浦、英飞凌等选择了坚持 IDM 模式，成熟稳重！全球唯有日本半导体企业，部分仍在坚持 IDMP 这种祖辈模式，显得老态龙钟！直到三菱电机株式会社半导体事业部、株式会社日立制作所半导体事业部、NEC 电子株式会社运行艰难，分别从各自的总部分离并重新组合为瑞萨电子，日本半导体才部分从 IDMP 模式进入 IDM 模式，却一直未能有效地兴起 Foundry/Fabless 模式。

3.3.4 没有 EDA 的土壤

当日本举国转向系统级芯片（SoC），将 SoC 作为 DRAM 梦醒后的替代品时，他们发现 SoC 需要比 ASIC（专用集成电路）丰富得多的知识产权（IP）支持。每一个日本半导体大型企业，都将 IP 自主开发、外部收购、外部授权作为 SoC 工程的首要任务。

然而，在日本众多半导体企业制订内部 IP 开发计划时，发现每开发一个 IP 核都是一个极其耗时的过程，需要六个月到一年的时间，既有内核的设计和测试，也伴随着大量的文档工作和用户手册撰写。一颗 SoC 需要远不止一个 IP 核，只依靠自主开发的话，何时才能进入到 SoC 产品产业化进程？

这是 20 世纪 90 年代中，产业在呼唤日本 EDA 企业的出现！

这是**日本 EDA 和 IP 诞生的最佳契机。如果日本能抓住机会，世界 EDA 三巨头就不太可能全在美国，日本有望在前三里面占有一两个位置！然而，日本众多半导体企业选择了自我封闭发展。**

显而易见的事实是，只要日本半导体企业之间进行 IP 买卖或授权，那么就可以较为轻松地弥补各自 IP 的短板。但是，竞争压倒一切，日本再也不是 20 世纪六七十年代的日本，今天的经济产业省已经没有当年通产省的权威。在囚徒博弈的竞争心理笼罩下，很少有日本企业表示有兴趣向外界出售 IP；除非在特殊情况下，买方是重要的技术合作伙伴，即在物物交换环境下，IP 流通才成为可能。

每一个日本半导体企业都在分析，授权给别人 IP 收入很有限，而自己基于 IP 开发产品的收入潜力是无限的。对日本同行来说，不提供 IP 授权，似乎有些不讲大局；但提供了，却有可能严重损伤自身。所以对于日本半导体企业来说，对外提供 IP 许可已经成为一个非常敏感的话题。

1998 年，日本政府为了破局，专门创立了 IP 交易所，但在说服日本半导体企业参与 IP 交易方面收效甚微。日本最大的 ASIC 供应商 NEC 就一直对交易所买卖 IP 持悲观态度。NEC 负责人在 2000 年表示："每个人都想通过交易所得到别人的 IP，但很少有人想提供 IP 授权给别人。"

对于日本半导体产业来说，这是非常严重的内耗损失，特别是处于美国严厉打压日本 DRAM 存储芯片工业，全日本亟待破局的时刻。因为每一家日本大型半导体企业都拥有如此多的 IP，但都不足以构成 SoC 的全部 IP 需求。他们非常惜售，既不愿意授权给别人，也因此同样拿不到别人的授权，只能各自自力更生，这是日本半导体产业极大的资源浪费。同时，日本半导体企业对第三方 IP 的可用性也持保留态度，普遍认为这些 IP 距离直接用于设计或制造还有相当长的距离。

最终结果是，日本这些最顶尖的半导体企业，纷纷创建了来自企业不同部门的工程师团队，以建立他们的可重用 IP 库，例如 NEC 的"IP 前沿"计划。而东芝选择采用内部许可计划，旨在为不同部门开发可重复使用的 IP 提供资金激励。根据东芝的计划，涉及大型系统、存储器 IC、微处理器和 ASIC 以及 SoC 的部门都要建设每个部门自己的 IP 库，作为自己的小金罐。本质上看，这是 IDMP 模式在 IP 上的翻版。

另一方面，日本半导体企业却在利用其美国子公司从美国寻找 IP，目光投到了硅谷 EDA 企业。例如，日本三菱在加利福尼亚州设立全资子公司，寻找硅谷的 IP 授权。他们认为，从硅谷找到合适的 IP 授权虽然需要 3～6 个月的时间，但与自行研发至少需要 6～12 个月相比很划算。**这是一个非常有趣的现象，日本半导体大型企业之间相互提防，全力避免或阻止本国同行从自己这里得到独有 IP 的授权，但不惮于从国际上取得自己所需的 IP 授权，以丰满自身。**

美国当时超过 20 家以上的半导体 IP 企业与日本开展了业务。

这表明，日本半导体企业虽然对本国企业内部的 IP 授权仍然非常避讳，但开始习惯于从国外供应商那里购买 IP。

最终，20 世纪 90 年代末，美国新思（Synopsys）、美国锴登（Cadence）悄无声息地与日本一些大型半导体企业建立了许可合作伙伴关系，包括日立、三菱、NEC、夏普、冲电气、东芝等。

日本 EDA 企业和 IP 企业，就从来没有出现在世人眼前。

3.3.5 与中国的一次携手

1995 年 11 月，原电子工业部向国务院提交了《关于"九五"期间加快集成电路产业发展的报告》，报告提出了以建设一条 8 英寸 0.5 微米工艺生产线为核心的集成电路重大项目，简称"909"工程。

在当时，8 英寸 0.5 微米虽不属于最先进工艺，但只比全球最先进水平落后一代。美国英特尔在 1995 年实现了 0.35 微米工艺量产，1997 年推出了 0.25 微米产品，1999 年推出了 0.18 微米工艺，而 2001 年则实现了 0.13 微米产品的量产。

1996 年 4 月 9 日，"909"工程的主体承担单位上海华虹微电子有限公司成立。3 月伊始，原电子工业部陆续向日本的富士通、东芝、NEC、冲电气，欧洲的西门子、飞利浦，美国的英特尔、IBM、AMD、惠普、德州仪器、罗克韦尔等发出了正式邀请。**1996 年正处于全球半导体周期的低谷，国际厂商正在备受市场需求下滑的冲击，本身自顾不暇，大部分无意花太多精力在外部合作事务上。但同时，跨国企业对中国潜在的巨大市场兴趣很浓，因此出现众多跨国企业虽然同意合作，但都提出了较为夸张、苛刻的条件的局面。**

　　1997 年 2 月，"909"工程与 IBM-东芝联合体有初步合作意向。

　　1997 年 3 月，NEC 时任社长关本忠宏先生得知老对手东芝将与 IBM 组成联合体参与"909"工程，意识到这会使 NEC 面临全局性的巨大竞争压力。基于此，关本忠宏先生立即表示了参与"909"工程的积极意向。这是一位真正代表日本利益和 NEC 利益的有政治头脑和战略眼光的企业家，他看到了与中国长期合作的巨大价值所在。经过不到一个月时间的快速而仔细的谈判，双方达成共识：

- NEC 以现金入股参与"909"工程。

- 中方控股，NEC 占股保持在 25% ~ 30% 之间，永不超过 30%。

- NEC 转让最新技术，包括 8 英寸集成电路的 0.5 微米到 0.35 微米的产品设计和生产线制造技术。

- 中方担任董事长，董事会中方 7 席、日方 3 席。

- 在确保生产线满负荷运营、争取五年收回投资并累计盈利的前提下，日方担任总经理。

● 日方为中方培养一支成熟的管理和技术团队；在人才培养起来后，中方全面管理工厂。

1997年4月，合作项目签约。"909"工程和NEC达成合作的速度确实是"迅雷不及掩耳"。这是一个平等互利、优势互补、符合双方长远战略需要的协议，也是中国在当时条件下所能实现的最佳选择，既满足了中方的要求，也符合NEC长远发展战略。

NEC对合资没有提任何短期内回报相关的条件。NEC这是从战略角度考虑，它预见到中国将是21世纪全球最大的电子产品生产基地和市场。在谈判中更是表现出不算小账、不计一时一事得失的姿态。"909"工程还没有开工，NEC从产品加工效率和市场需求出发，将技术档次直接从0.5微米提高到了0.35微米，但并没有提出增加技术转让费，展现了一个可靠合作伙伴的胸襟。

同样在这个月，美国《新闻周刊》酸溜溜地发表文章《**放掉大鱼的美国企业》，认为正是由于美国政府对中国的遏制政策，使得美国企业在中国"丢掉了一条大鱼"。**该文章表示，中国政府在投资10亿美元建设最先进半导体工厂的招投标中退回了美国IBM和美国军工半导体企业罗克韦尔的标书。虽然中方承认美国的技术领先，但最终却是日本的NEC赢得合同。据称，中方担心美国政府对正常技术合作的过度敏感会影响正常商业合同的实施。

由于NEC使用的关键设备大部分都是日本本土制造，中日合作就自然地排除了美国政府干预的技术条件，保障了合资项目的顺利进行。中方与NEC签订了45000人·日的全员培训合同，从

1998 年 1 月起，陆续派出七批员工到日本培训，覆盖品质管理、制品、工艺、设备、设计等半导体生产的各个环节。华虹 NEC 的员工们还从 NEC 身上学到了先进科学的工作方式和方法，以及日本员工令人钦佩的敬业精神。

1999 年 2 月，"909"工程正式投片；6 月，良品率达到 73%，最好的一批达到 82.58%，这个数字即使放在当时 NEC 的全球所有工厂中比较，也是名列前茅；7 月，第一阶段 5000 片产能满负荷运转，良品率达到 94%。

2000 年，华虹 NEC 达到了月产能 2 万片的生产能力，全年收入 17.73 亿元，净利润 3.44 亿元。在技术工艺上，已完全调整到了 0.24 微米工艺，比原来设定的工艺提升了两代。

2001 年 9 月，华虹 NEC 确认 1~8 月份亏损 7 亿元。其背景是，2001 年全球半导体市场跌幅超过 30%，其中全球存储器芯片的销售额减少 55.5%，存储器芯片价格同比下降了 90%。合资初期，中方希望产品从存储器芯片起步，选择适当时机转入逻辑芯片产品生产。双方从效益出发，商定由 NEC 承包生产线大部分存储器芯片产能，但 2001 年世界半导体形势表明，华虹 NEC 不能把产品、销售、技术、市场全部寄托在 NEC 身上。

2002 年 3 月，华虹 NEC 组建代工事业部。向代工转型的过程就是华虹 NEC 向中方独立经营迈进的过程。转型之后，华虹 NEC 建立了与代工相适应的管理模式，并建立了自有的人才研发团队、管理团队和市场开发团队。

2003 年，华虹 NEC 已经拥有 78 家代工客户，NEC 之外的客户流片总量超过总产能的三分之二。经过市场劫难，华虹 NEC 浴火重生。

2004年起，华虹NEC进入稳定的盈利期。

中日双方在华虹NEC上的合作非常成功，这得益于日方负责任的合作和全力支持，也得益于中日双方建立的平等互利、相互信赖、相互支撑的信任关系。

3.3.6 错失在中国广泛布局

2004年开始，日本雄心勃勃地准备再次投入巨资重新启动半导体产业，以避免20世纪90年代的错误。

日本企业需要与国外竞争对手保持同步。日本经过多年观察发现，半导体产业在亚洲正在向中国转移，而美国英特尔、IBM和德州仪器等芯片制造商正在扩大自己的12英寸生产线规模，其中英特尔2006年在中国大连市投资了存储芯片制造工厂。据日本行业分析机构判断，NEC、索尼、瑞萨、东芝和其他大型企业都在准备建设或扩建芯片制造工厂，重点是新建或扩建12英寸芯片生产线设施。全球最大的半导体设备制造商美国应用材料首席财务官乔·布朗森（Joe Bronson）当时公开表示，"我们看到日本出现了重大复苏。日本拥有重生的半导体产业，并将再次成为世界级的竞争对手。"各方面都认为，日本正在投入大量资金，以确保他们不会错过这十年。

许多日本企业内部也初步决定通过在中国建立基地或者联合体，以利用中国的低成本优势和当地市场需求，这是日本企业决定在半导体领域投入巨资的重要方向。

然而，**由于日本自身未能走出20世纪90年代末的经济泡沫，所有这些美好的投资计划，都未能顺利实施，也错过了与全球最有潜力的中国市场战略协同的一次机会。**

3.4　日本半导体产业春秋

3.4.1　光刻机孤狼不敌群狼（尼康）

大家耳熟能详的一个典故，是日本尼康错过了光刻机先进技术，被后生小辈荷兰阿斯麦（ASML）弯道超车，进而一骑绝尘，彻底打败。

这是真实的故事，但也只是掩盖了真相的表面现象。

尼康的落伍，是美国政府协调西方科技界、企业界齐心协力奋战的结果，荷兰阿斯麦这个灰姑娘，只是展现舞技带上主角光环的载体。一夜成名的她，背后是整个西方最顶尖的科学家、企业、实验室近十年的努力。

孤狼尼康。

日本是全世界工业体系健全的少数几个国家之一，日本光刻机几乎所有的零部件均从本国采购，因此在光刻机这个产品上，日本尼康是地地道道的孤狼。从 20 世纪 80 年初统治市场，到 21 世纪初被荷兰阿斯麦打败，这头孤狼一度统治光刻机行业近 20 年。

头狼阿斯麦。

与尼康不同，荷兰阿斯麦的光刻机约 60% 价值的零部件从全球采购，约 5000 家供应商的 70% 来自于荷兰之外，其中最为核心的光源器件来自美国，因此可以看作是美国为代表的西方世界刻意栽培的头狼。

当半导体产业按照摩尔定律成百上万倍提高精度后，光刻机的复杂度，已经远远非照相机可比；这是 20 世纪 60 年代末与 90 年代末的最显著差异，正所谓三十年河东、三十年河西。**20 世纪六七十年代一个照相机制造企业可以轻松夺冠的产品，只要是个半导体企业都可以自制的产品，到了 20 世纪 90 年代，已经成为全球半导体制造的皇冠。举日本一国之力，已经不足以支撑这个单一产品的前行。**

尼康与未来光刻技术擦肩而过。1997 年，美国发起设立光刻技术联盟 EUV LLC，成员包括英特尔、摩托罗拉、AMD、IBM，以及美国能源部下属的劳伦斯利弗莫尔国家实验室、桑迪亚国家实验室和劳伦斯伯克利国家实验室。以英特尔为代表的美国芯片制造企业，非常有远见地看好 EUV（极紫外）技术，希望通过 EUV LLC 进行联合攻关。这些实验室是美国科技发展的幕后英雄，研究领域覆盖了物理、化学、光学、材料学等各种前沿方向，是 EUV 能否突破各项技术极限的关键所在。

美国政府将 EUV 技术视为推动本国半导体产业发展的核心技术，因此在光刻机伙伴的选取上，并不希望外国企业参与其中，因此联盟成立时只选择了本国光刻机企业硅谷集团（Silicon Valley Group，SVG）和 Ultratech。然而，此时的美国光刻机军团已经从 20 世纪 70 年代末市场份额 90% 跌到了 10% 以下，其中 Ultratech 低于 4%，SVG 低于 1%，在顶尖大客户英特尔眼里，这两家企业有很大可能"烂泥扶不上墙"，影响英特尔的芯片制造升级大计。于是，英特尔力邀日本尼康和荷兰阿斯麦一起加入 EUV LLC。

面对两家非美资企业，美国政府很是迟疑。美国有一个基本的判断，即如果让尼康加入，那么尼康在吸取美国众多原创技术后，未来将长期统治美国光刻机市场，并且尼康一直是吃独食的

孤狼，产业链与美国无关，美国对其完全缺乏控制力。基于日本曾把美国半导体产业打趴下的案底，以及阿斯麦的主动示好，美国在 EUV LLC 成立两年后，放弃了对两个光刻机"亲儿子"的偏爱，于 1999 年只邀请其时世界第二大光刻机企业阿斯麦加入联盟。当然，美国对尼康的提防早已有之。1989 年，尼康曾试图收购 70 年代全球光刻机领头羊美国珀金埃尔默，在美国政府和美国半导体产业界强烈反对下，直接被否，最终由美国 SVG 收购了珀金埃尔默光刻产品线。

2001 年，阿斯麦完成了对美国最后一家知名光刻机企业 SVG 的收购，并在半年后关停了 SVG 的全部光刻生产线。这算是以消灭光刻机最大市场国美国本土对手为目标的收购，笔者很容易联想到联合利华等巨头对中国日化品牌的连续收购操作案例，实有异曲同工之妙。自此，美国光刻机产业消失在历史长河，美国从 20 世纪 70 年代末统治全球光刻机市场，到完全退出光刻机舞台，正好 30 年。

2001 年，阿斯麦研制出了全球首台双工件台光刻机并发送到台积电。尼康同年起诉阿斯麦侵犯其专利并要求在美国禁售，这是在台积电倒向阿斯麦后，尼康试图阻止半导体巨头英特尔的倒戈。阿斯麦最终以向尼康支付 1.45 亿美元授权费的方式得以和解。笔者今天在想，如果尼康当初选择的不是区区 1.45 亿美元，而是股权补偿，全球光刻机版图是否会大有不同？

2004 年，阿斯麦与台积电联合研制成功浸入式光刻机，与此前的双工件台光刻机一起，逐步确立了对尼康的产品优势。英特尔则为了防止核心设备供应商一家独大，一直到 2011 年 22 纳米工艺投产前，都采用了平衡策略，兼顾采购阿斯麦和尼康两家的光刻机。

2011 年，英特尔、台积电、三星牵头发起 G450 计划，向 18 英寸集成电路制造迈进，光刻机伙伴仍是 EUV LLC 中一起联合攻关相伴了 12 年之久的阿斯麦。18 英寸工艺对半导体设备挑战极大，与 EUV 一样充满着众多的未知技术挑战。阿斯麦同时在两个战场上突破，资金实力上颇为捉襟见肘，因此提出**"光刻机客户投资计划"，邀请英特尔、台积电、三星这三大巨头认购其 25% 的股份。当然，这个计划不仅仅是资金的考虑，阿斯麦也存着将三巨头与阿斯麦深度捆绑的心思。**2012 年，三巨头共计投资 52.29 亿欧元，与阿斯麦结成紧密的利益共同体。2015 年，阿斯麦研制出全球第一台 EUV 样机，三巨头从此理论上具备了 7 纳米及以下芯片制造工艺能力。自此，英特尔再也没有精力和心思在高端光刻机采购上搞平衡，尼康则在高端光刻机方向上彻底出局。

2021 年，全球光刻机前三名阿斯麦、尼康、佳能共销售半导体级光刻机 478 台，其中高端机型 152 台，阿斯麦占有 95.4% 的市场份额。对于高端机型中的顶尖机型 EUV 光刻机，阿斯麦占有 100% 的市场份额。从年收入看，全球光刻机规模总营收达 1076 亿元人民币，阿斯麦独占 80% 份额。

笔者也综合分析了国际半导体产业协会、美国半导体产业协会、荷兰阿斯麦网站等渠道的公开信息，发现阿斯麦 EUV 光刻机确实是完美地综合了全球最强的技术来源。

1. 真空系统，英国

由英国爱德华（Edwards）供应，确保整个光刻系统保持在真空中，以最大限度地减少空气对 EUV 的吸收。

2. 激光和电源系统，美国

由阿斯麦全资收购的美国企业西盟半导体设备（Cymer）供

应，包括能提高 1 兆瓦功率和先进冷却系统的 CO_2 激光器，其中来自欧洲的部件约占光源成本的三分之二。此外，美国还提供了光学用超低温热膨胀玻璃。

3. 光学镜头，德国

由德国蔡司提供最精密的反射镜，将光线投射到硅片上形成图形。阿斯麦已经是蔡司的小股东。

4. 静电卡盘，德国

由阿斯麦子公司德国柏林纳玻璃提供，用于在光刻过程中夹紧硅片。

5. 整体组装，荷兰

阿斯麦提供用于 EUV 光刻机系统的模块化外壳，并最终在荷兰集成整个光刻机产品。

6. 其他零部件等，日本

日本企业提供了技术领先的结构陶瓷、光刻胶、光掩模。

3.4.2　存储芯片工业的晚钟（东芝）

"伸出来的钉子要钉死"。这是一句在日本为人熟知的谚语，也是闪存（NOR Flash and NAND Flash）发明人舛冈·富士雄 2002 年接受美国《福布斯》杂志采访时的感慨。这句日本谚语形象地展现了日本传统文化不鼓励个性的境况，太聪明或太特别容易被压制。

舛冈·富士雄是真正的天才，他发明的闪存是 20 世纪末全世界最重要的半导体基础创新。这是一种可以在没有电源的情况下存储和保留数据的存储芯片，能作为占主导地位的硬盘驱动器的存储替代品，能为数码相机、MP3 播放器、智能手机、U 盘等提供存储空间。

1980年，富士雄申请了NOR型闪存专利。这种类型的存储器容量较小，但是读写速度快、按"字"操作、可靠性高，非常适合存储程序。然而，这项发明因为不在东芝当时的主航道DRAM上，因此没有得到东芝乃至整个日本产学研界的重视。

在日本东芝完全无视闪存技术的背景下，美国英特尔看到了这项发明的潜力，与东芝签订了交叉授权许可协议，迅速组建了规模多达300人的闪存部门。1988年，英特尔改良了东芝发明的NOR型闪存，推出了世界上第一个商用的闪存芯片，获得了巨大的商业成功。1987年，富士雄又提出了NAND型闪存的概念。NAND型闪存按"块"操作，写入和擦除速度更快，更适合存储数据。同时，生产工艺相对简单，成本更低。1989年，NAND型闪存试产成功。

这位天才在3年内连续给雇主东芝提供了两个划时代的半导体产品，而且是半导体世界真正的基础创新，革命性的突破！时至今日，2020年NOR型闪存全球规模仍达到26亿美元，NAND型闪存全球规模高达560亿美元。东芝当初如果认识到并认可他的个人才华和价值，也许今天仍会是全球半导体的巨头。

东芝是怎么对待这个天才发明的呢？

• 关于口径

东芝对外宣称闪存是英特尔的发明，这个神操作的初衷至今仍难以揣测。直到IEEE授予富士雄大奖，以表彰他在东芝工作期间发明的闪存，东芝才尴尬地予以承认了自己才是闪存的发明单位，并辩解："同样是存储芯片，闪存芯片并不是一个大市场，DRAM芯片才是东芝的面包和黄油。"

- 关于奖励

东芝颁发了价值几百美元的"巨额"奖金来"表彰"他的努力。数年后，东芝每年从闪存上收入 10 多亿美元，其中相当部分来自富士雄专利的对外授权。

- 关于产业化

富士雄接受采访说："东芝当时让五个兼职人员来帮助我。"在这种情况下，虽然东芝是全球第一个销售闪存（用于汽车）的企业，但不久之后英特尔就完全主导了闪存市场。**英特尔甚至大肆宣称它已经扭转了美国擅长原始发明、日本企业擅长产品研制的通常模式，能利用日本原始发明研制美国产品并取得了巨大商业成功。**

- 关于个人事业

1991 年，东芝把富士雄从研发团队调离，给了一个明升暗降的虚职，既无团队也无预算，迫使他完全失去了研发空间。富士雄曾模仿东芝高层的口气解释了他被迫离开的原因："你不是一个团队合作者，你不服从命令，那么请你走开。"1993 年，他抱恨离开东芝，前往日本东北大学任教。

富士雄离开东芝的同年，东芝半导体推出五年裁撤 200 名研发人员的计划，大量核心工程师主动离职，相当部分到了竞争对手韩国三星。三星同时提出与资金周转困难的东芝进行联合开发。东芝高层仍然不看好闪存短期内的收益，基于技术换资金的考虑，接受了三星的提议。1993 年，三星成为存储器领域世界第一。日本东芝虽有技术原创优势和先发优势，在自己拿手的 NAND 型闪存领域，之后却一直被韩国三星压制。

之后的 20 年，东芝陷入了灾难重重的业务重组和资产出售中。

2018 年 6 月，东芝正式宣布以 180 亿美元将旗下最赚钱的芯片部门东芝存储（即闪存业务）整体出售给美国贝恩资本为首的财团。

"眼见他起朱楼，眼见他宴宾客，眼见他楼塌了"。

东芝 143 年的基业，急速膨胀又破灭。半导体企业的中底层研发人员是中坚力量，东芝宽松的研发环境培育了深厚的技术创新土壤，才能让类似闪存这类企业主航道外的技术得以发明出来。但东芝在战略把控上有明显的问题，在歌舞升平中缺乏危机意识，最终难免衰落。

3.4.3 系统级芯片的拥抱取暖（瑞萨）

20 世纪 90 年代，日本半导体陆续退出 DRAM 领域后，举国进军系统级芯片（SoC）市场。然而，整体发展并不顺利。

瑞萨是日本 SoC 最后的抱团取暖。

今天的瑞萨，经两次合并而来。2003 年，日立制作所与三菱电机的半导体事业部合并组建瑞萨科技，诞生之时便一举成为仅次于英特尔和三星电子的全球第三大半导体企业，出身不凡。2010 年，瑞萨科技与 NEC 电子整合成瑞萨电子。可以看到，瑞萨电子凝聚了日立、三菱、NEC 三大半导体企业此前数十年的积累。

2011 年日本"3·11"大地震直接或间接导致瑞萨在 2012 年出现严重的亏损。瑞萨电子无法独自承受损失，银行和大股东（日立、三菱、NEC）全力以赴，仍然无法扭转局面，要么被国外企业收购，要么破产。

然而，**瑞萨在日本社会中是一家涉及面特别广泛的企业**，它的产品被日本的几乎所有行业所使用，是"大而不能倒"的又一案例。如果破产，将直接或间接影响 4 万多家企业，其中 32% 是制造商，25.3% 是批发商，22.4% 是服务企业，9.7% 是建筑企业，4.6% 是交通和电信企业，4.2% 是零售业，0.8% 是房地产，其他占 1%。日本政府认为，绝对不可以将这么一个企业的决策权旁落到其他国家。作为日本经济中非常重要的一环，汽车巨头丰田和日产也无法接受依赖国外半导体制造商的关键部件，从而影响他们的产品竞争力。

基于此，日本政府为了确保瑞萨能活下去，2012 年全面利用其政治权力和影响力，安排日本产业革新机构（INCJ）向瑞萨注资13835 亿日元，并推动其他八家企业向瑞萨注资 1500 亿日元。至于此时的银行及三大母公司 NEC、日立和三菱，已无力伸出援手。

瑞萨作为日本政府和日本半导体巨头共同呵护的娇子，此后虽然盈利状况在国际上乏善可陈，但收入规模长期居于全球 MCU和车规级芯片前五名，基本稳住了行业内的领军企业地位。

3.4.4 开放式并购成就传感器巨头（TDK）

TDK，全名东京电气化学工业株式会社，创立于 1935 年，取的是 Tokyo（东京）、Denki（电气）、Kagaku（化学）的首字母，2020年收入 150 亿美元，是一家全球领先的电子企业。它从做磁性材料起家，专注于传感器、电子元器件等细分市场，是全球第二大被动组件企业，全球电子原材料及元器件市场上的领导厂商之一；因此，TDK 并不生产芯片产品，属于广义半导体领域的一员。

TDK 是日本半导体产业界少有的走出国门进行一系列并购的企业，并取得了卓越的成效。

- 德国，爱普科斯，滤波器

2008 年，TDK 换股收购德国电子组件大厂爱普科斯（EP-COS），总收购金额高达 12 亿欧元。其时爱普科斯从业人员 1.8 万名，主要制品为表面声波（SAW）滤波器、陶瓷电容器元件、电容器、变压器等。TDK 借此取得爱普科斯在工业电子、汽车电子和通信电子市场等方面的优势。双方能够构筑近乎完美的互补关系：技术方面，TDK 擅长材料技术，而爱普科斯擅长模块技术；产品方面，TDK 擅长通用产品，而爱普科斯擅长汽车配件和高频部件；市场方面，爱普科斯在欧洲拥有比较大的消费市场，而 TDK 的优势市场主要是在亚洲地区。

2017 年，TDK 所购爱普科斯旗下的无锡 SAW 产品子公司按总估值 3.95 亿欧元向美国高通转让 51% 股权，2019 年再次按总估值 31 亿美元向美国高通转让剩余的 49% 股权，可见 TDK 当年并购标的之价值。

- 瑞士，微开半导体，汽车磁传感器

2015 年，TDK 看好磁传感器将在工业与汽车电子应用中扮演关键角色，以 2.06 亿欧元现金收购汽车磁传感器领军企业瑞士微开半导体（Micronas）。微开半导体连续 40 年为各种汽车和工业应用中的智能执行器提供霍尔传感器和嵌入式控制器，例如传动系统、底盘车架、发动机管理等。从 TDK 的立场来看，这项收购的目的在于增加其在汽车、工业、信息与通信技术领域的销售与盈利能力。TDK 本身就是磁性材料的全球领导者，两者是"材料 + 器件"的强强联合。

2017 年，TDK-微开半导体已成为全球 CMOS 技术霍尔效应传感器的龙头企业，拥有全世界最大的汽车和工业市场产品组合，能向包括位置、角度、速度、转矩、压力和电流在内的测量任务提供高质量的霍尔产品；已累计向汽车和工业市场交付了超过 40 亿个霍尔传感器。

- 法国，特罗尼斯，MEMS（微机电系统）传感器代工

2016 年 7 月，TDK 出价约 5500 万美元收购法国特罗尼斯（Tronics）。特罗尼斯是世界领先的 MEMS 代工企业，在欧洲与美国都拥有芯片制造工厂，员工多为工程师和科学家。该企业主要产品是磁传感器。此外，还有惯性传感器、气体传感器、红外传感器、微型反射镜、微光学元件、微型致动器，以及用于体外诊断与 DNA 分析的前瞻性生物 MEMS 与微流体元件。2016 年其推出了六轴惯性传感器，打破了由美国应美盛、德国博世、法国意法半导体三家垄断的局面。TDK 收购后，进一步强化了磁传感器的领导地位，并且新增了工业、汽车与消费电子应用惯性传感器系列产品。业界一致认为，惯性传感器是最有前景的传感器市场之一。

- 美国，应美盛，MEMS 传感器

2016 年 12 月，TDK 斥资 13 亿美元收购美国顶尖传感器制造商应美盛（InvenSense）。应美盛是加速度计、陀螺仪、电子罗盘及麦克风等 MEMS 传感器市场的领导企业，在惯性传感器领域有深厚的技术积累。应美盛一直在为苹果、三星等智能手机厂商提供 MEMS 惯性传感器，如六轴惯性测量单元（IMU）、九轴组合传感器等。TDK 的这一战略收购影响深远。TDK 三大重点事业为汽车、信息与通信技术及工业与电力系统。由于物联网概念的推广，传感器技术成为该三大事业的核心，尤其是汽车的自动驾驶技术，以及电力系统的智能电网技术，都是备受看好的新领域事业。

TDK 与应美盛能提供高度互补的传感器，其中，应美盛专注于广泛的 MEMS 传感器，如陀螺仪、加速度计、麦克风、惯性传

感器、超声波传感器等；TDK 则能提供诸如磁、温度、压力和电流传感器。结合起来，TDK 将在物联网、汽车电子、高级驾驶辅助系统、AR/VR 和其他新兴市场有更好的机会。

- 比利时，艾感，ASIC 设计

2017 年，TDK 全资收购比利时艾感（ICsense）。艾感是欧洲首屈一指的芯片设计企业，专注于 ASIC 设计开发和服务，特别是传感器和 MEMS 界面设计、高压 IC 设计、电源管理芯片设计等。它拥有欧洲最大的无晶圆厂芯片设计团队，在数字、混合信号和高压 IC 设计方面处于世界一流水平。其独特技术包括，在数字麦克风方面拥有从音频到数字输出的全信号链混合信号 IP，TMR 磁角度传感器 ASIC 广泛应用于汽车中，车轮速度传感器 ASIC 广泛应用于防抱死制动系统等汽车安全关键应用，MEMS 陀螺仪接口 ASIC，汽车 GMR 传感器接口 ASIC 用于曲轴、传动速度和方向传感，MEMS 压力传感器接口 ASIC 在医疗、汽车和工业领域有着广泛的应用。

TDK 收购的最大背景是，日本索尼调整了基于 MEMS 的 CMOS 传感器市场策略，不再向第三方厂商出售某些型号的传感器，特别是其最新款传感器将优先为索尼相机服务。索尼的这一举措，迫使 TDK 下决心并购形成自己的 CMOS 传感器开发、研制和量产能力。而艾感的 ASIC 技术，不仅能用于磁性传感器，也可用于其他传感器产品，甚至是非传感器产品。

3.5 予中国之借鉴

3.5.1 研发补助，需横跨半导体从基础到应用

半导体产业是一个非常注重研发的行业。

　　半导体是工业体系中最为复杂的产品门类，无论是芯片设计、芯片制造，还是半导体设备。因此，半导体产业常年保持着高度的研发投入强度。波士顿咨询统计了全球主要企业 2019 年研发投入，数据表明**半导体产业研发投入占企业当年销售规模的比重达到 22％，高于生物医药行业的 21％、软件和计算机服务行业的 14％**。2019 年，全球半导体产业共投入研发经费约 920 亿美元，其中芯片设计贡献了约 502 亿美元、芯片制造贡献了约 251 亿美元，EDA、IP、设备、材料等半导体企业贡献了约 167 亿美元。

　　笔者在 3.1 节里指出，全球半导体主要国家和地区都对半导体产业进行研发补助，其中尤以美国为甚。美国作为全球半

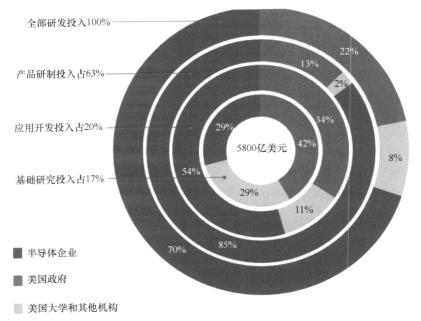

美国半导体产业各阶段各投入主体分布示意图（2018）

数据来源：美国半导体产业协会

导体第一强国和大国，其对半导体产业的支持覆盖了基础研究、应用研究、产品研制等研发的各个阶段，堪为中国之学习楷模。

从图中可以看到，2018 年，**美国政府以及受政府资助的大学和其他机构，在美国半导体的基础研究阶段贡献了 71％ 的资金，在应用开发阶段贡献了 45％，即使到产品研制阶段也有 15％ 的贡献。**

中国今天还处在半导体发展的初期到成长期，距离成熟期尚远。国外部分媒体和专家宣扬中国半导体已经对美国形成了巨大的威胁，似乎很快就能赶超美国半导体产业，这是很大的误解，容易误导政府政策的制定。

在全球半导体主要国家和地区竞争中，中国还处于较为落后的位置。**半导体产业就是高科技领域的珠穆朗玛峰，攀登难度是越往上越艰辛，甚至会受不住煎熬出局。**譬如新加坡在 2011 年的发展水平已经抵达了目前中国的位置，但受限于自身综合国力以及产业策略，目前已经滑落，与中国相距甚远。

在中国目前所处的阶段，政府研发补助策略，还不能与完全登顶的美国、曾经登顶的日本，以及处于成熟期的欧盟、韩国等国家和地区对标，而应找准中国自身的阶段定位，因地制宜，对症下药，坚持自身的研发投入策略。

美国半导体产业协会做过系统分析，美国政府从 1978 年至 2018 年，连续 40 年按照 GDP 比重约 0.02％ 进行研发补助支持，近十年增长到 0.03％；而社会主体则从 GDP 比重 0.02％ 增长 10 倍达到 0.19％。

笔者以为，这隐含了三点信息：

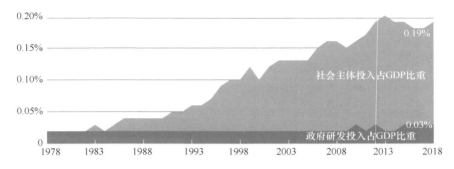

美国政府和企业研发投入历年变化示意图

数据来源：美国半导体产业协会

- 美国政府一直坚持对半导体产业扶持。虽然占 GDP 比重仅从 1978 年 0.02% 增长到 2018 年 0.03%；但考虑到美国 1978 年 GDP 仅 2.352 万亿美元，2018 年高达 20.61 万亿美元，则美国政府对半导体产业的年度支持经费，40 年间增长了 13 倍。

- 美国政府在半导体产业成长期给予了整个产业研发补助金额总额近半的扶持。美国半导体产业 20 世纪 50 年代诞生，到 70 年代末已经较为成熟，向日本、韩国、欧洲等国家和地区都进行了大面积的技术输送和产业转移。在半导体产业较为成熟的阶段，仍有如此高的研发经费支持比重，可见美国支持半导体产业之力度。

- 美国政府早期高比例的研发补助，是美国半导体产业能够快速成长的重要推手，产业规模增长推动了企业主体研发投入对 GDP 占比的惊人增长。

鉴于此，**美国 1978 年前的政府支持策略非常值得中国参照。半导体产业"年龄"不同，"身体"状况也不同，"营养"和"饮食"也不宜相同。**

3.5.2　IDM 之争，我们选择怎样的产业模式

正如笔者此前在日本半导体布局所阐述的，日本在 30 年前登顶全球半导体宝座后，反而被迷惑了双眼，看不清产业模式，留恋 IDMP "祖辈模式"，略尝试了 IDM "父辈模式"，完全没有涉足 Foundry/Fabless 这种充满青春活力的"子辈模式"。

今天几乎所有的 IDM 都是在 1990 年之前成立的。从那时开始的巨无霸设计企业，几乎没有一家转型 IDM 的。

一方面是建厂可行性问题。

在传统工艺领域开设一家芯片工厂的成本是 10 亿美元级别；但如果希望在台联电或格罗方德的产能和运营水平上运营先进工艺工厂，则成本为 500 亿美元级别。中国台湾地区联发科负责人蔡明介曾点评："如果一家 IDM 企业的营业额超过 50 亿美元，我相信他们依然可以维持自己的晶圆厂，但如果是二三十亿美元以下的中型厂，恐怕就必须剥离制造业务朝无晶圆厂（Fabless）的设计企业发展。"这句话也可以理解为，如果一家纯芯片设计企业的年收入达到 50 亿美元级别，那么就经济实力可以考虑 IDM 模式。

即使是资本充裕的美国，也只有英特尔能引领个人计算机行业，这使其能够在逻辑芯片工艺开发方面投入巨资，在该领域处于无与伦比的领导地位。至于另一家 IDM 企业美光，也是因为其位于美国成本相对较低的地区（爱达荷州），使其能够在 20 世纪 90 年代和 21 世纪初的半导体低潮中存活下来。

另一方面是建厂必要性问题。

联发科 2021 年收入高达 174 亿美元，远远超过其创始人宣称的转型 IDM 的经济实力门槛，但其却一直没有做这样的选择。

AMD 作为老牌 IDM 企业，则在 2015 年剥离了全部芯片制造板块，即今天的美国格罗方德。非常有趣的现象是，格罗方德独立后成为全球第二大芯片代工企业，但经济效益表现差强人意，多年净亏损，与排名第一的台积电常年超 30% 净利润率完全没有可比性，甚至也远差于排名第五、第六的中芯国际、华虹。这表明，AMD 原先 IDM 模式下的芯片制造业务可能缺乏市场竞争力。

从实践来看，Foundry/Fabless 模式的诞生，大大降低了芯片设计的门槛，几个有经验的芯片工程师，就可以组建团队，开展芯片设计业务，然后付费给芯片代工企业加工生产，形成自主品牌产品。Fabless 企业的收入规模也不断攀升，开始与传统 IDM 巨头同台竞技。而 Foundry 厂商专业的人做专业的事，集中精力加大研发投入，提高产能利用率，降低成本，也赚得盆满钵满。从笔者统计的 **2005 年到 2018 年的数据看，Foundry 企业和 Fabless 企业的规模增速，均远超同期的 IDM 龙头企业英特尔。**

各类型企业累计增幅统计

	企业名称	2005 年收入/亿美元	2018 年收入/亿美元	企业规模增幅
IDM 代表企业	英特尔	342	708	107%
Fabless 代表企业	高通	35	217	520%
	博通	27	164	507%
	英伟达	24	117	388%
	联发科	15	79	427%
	海思	1	75	7400%
Foundry 代表企业	台积电	82	411	401%
	中芯国际	12	34	183%
	华虹集团	5	16	220%

数据来源：国际半导体产业协会

1990 年以来,没有一家纯芯片设计企业转型到 IDM 模式,没有一个"子辈模式"切换到"父辈模式"。这包括高通（2021 年收入 268 亿美元）、博通（2021 年收入 187 亿美元）、英伟达（2021 年收入 162 亿美元）等。当然,模拟芯片巨头均以老牌企业为主,历史原因它们都是 IDM 企业,譬如全球十大车规级芯片厂商全是 IDM 企业。

父辈模式都在向子辈模式靠拢。

父辈模式多半也有些心虚。因为父辈模式需要面面俱到,需要全面主持芯片设计、芯片制造、芯片封装测试等各个环节的事务,在与轻装上阵的子辈模式竞争时,常会在某些环节力不从心。在半导体产业实践中,父辈模式都在向子辈模式靠拢。

● 譬如美国 AMD 左思右想,发现庞大的工厂影响了它在设计方面的聚焦投入,分拆了工厂,壮士断腕得以再度辉煌。

● 譬如昨天的三星电子,已经从 100% IDM,成功培育出 Foundry 板块,已经成为全球仅次于台积电的第二大芯片代工企业,并立下了"2030 年芯片代工成为全球第一"的目标。

● 譬如昨天的德州仪器、英飞凌、恩智浦、瑞萨,已经不再坚守 100% IDM,而是把芯片制造的增量需求,交给台积电等代工企业完成。

● 譬如今天的英特尔,发现芯片制造工艺升级换代已经输给了年轻的台积电,正在犹豫要不要学习 AMD 呢!

中国的实践却有所不同。

常见的观点认为,中国面临美国乃至整个西方世界的高科技封锁,会面临境外芯片代工企业拒绝给代工的巨大风险,因此设计企业转型 IDM 具有特殊的必要性。因此,近年来杭州士兰微、无锡华润微、比亚迪半导体、格科微、闻泰、卓胜微都在向 IDM 模式转变。

笔者认为，短期内部分有经济实力的纯芯片设计企业通过建厂解决产能供给有其必要性。从实际情况看，相关企业更多聚焦在模拟芯片、功率芯片等非先进工艺上，这些确实远水解不了近渴，基于两方面原因无法在短期内从专业代工企业那里得到满足。一是头部的代工企业忙于 12 英寸先进产能扩产，没有太多精力放在这些非先进工艺扩产上。二是**中国国情，本土头部代工企业远未到可创造巨额利润能自我循环投资的阶段**，因此对来自国家和地方政府产业投资平台资金依赖度较高。众所周知，无论是国家机构，还是地方政府，更倾向于做高、大、上的生产线和产品，期待实现突破而不是"低水平重复建设"，因此头部代工企业虽然认识到非先进工艺的盈利能力，但很难得到充裕的资金来完成投资。

然而，长期终究是要看性价比、看产品市场竞争力的。中国将来会有数十乃至上百家半导体企业既擅长芯片设计，又精通芯片制造和工厂管理吗？显然不会，毕竟术业有专攻，并不是有了强大意愿就一定能实现美好目标。

窃以为，今后若干年，中国 IDM 企业会分流为以下三个去向：

其一，还是 IDM 企业，模拟芯片企业居多。

其二，制造剥离出来，重新回归到纯芯片设计企业。

其三，制造让渡控股权给头部代工企业，既确保了原有产能的供给，也避免分散过多的精力在不擅长的制造业务上。

第三种模式，其实也是日本索尼正在走的方向。索尼是全球 CMOS 图像传感器行业的执牛耳者，一直以来都是 IDM 企业。考虑到索尼 CMOS 图像传感器曾主要销售给企业内部的照相机、手机、摄像机等事业部，那时的索尼更是一个 IDMP 企业。索尼今天选择与台积电合作，在日本建设 12 英寸先进生产线，专门用于满足索尼的产能需求，日本政府也相应给予巨额的补助。

3.5.3 鼓励创新，而不是保护巨头巨量投入

日本政府将创新资源几乎全部集聚在巨头身上，这可能是日本在近三十年没有诞生大型新兴半导体企业的深层次原因。

日本产业界历来都有"帝国企业"情结，习惯将三菱、住友、三井、新日铁、东芝电气这些二战前就有很大影响力的大型企业称之为所谓的"帝国企业"。代表日本"帝国企业"和大财团利益的经济团体联合会（经团联）一直影响着日本政治和经济，甚至可直接影响通产相的人选和通产省的决策。而通产省高官退休以后到"帝国企业"或大财团任职也成为一种传统，通产省的这种传统很易形成利益集团。因此，通产省很多资源很难保证得到公平的分配，通产省的政策和资金等资源也很难保证能够向创新企业倾斜，而通产省的科技发展计划一般都倚重传统的大企业，这样一来"帝国企业"等强势企业独享了政府资源。例如，通产省支持的超大规模集成电路（VLSI）项目，政府资金只集中于若干个"帝国企业"，这带来了技术垄断，而那些新生代的创新企业很难得到通产省的大力资助。

客观上，日本"帝国企业"体系影响了半导体创新环境，异化了半导体创新体系。通产省将资金向"帝国企业"倾斜的做法，大大削弱了日本半导体中小企业的创业空间。通产省的做法，看上去是产业的宏观管理，其实起到了干预微观经济活动的效果，

成为日本半导体创新体系中的一个重要阻碍因素。

于中国之借鉴，一方面应继续鼓励国家重点扶持的骨干企业做大做强。另一方面，也不宜扼杀新创半导体企业的创业激情，特别是以民间资本为主、未大规模使用政府资金的情况下，建议推行"法无禁止即可为"的政策方针。

3.5.4　重视制造，而不是能用即可够用就行

芯片制造强，则芯片工业恒强。

- 从国家芯片工业竞争力看

日本、美国、欧洲在20世纪八九十年代，芯片工业都是无比强大，各有千秋，譬如日本的东芝、NEC，欧洲的飞利浦、英飞凌、意法半导体，都是一时之选，实力并不逊于美国英特尔、摩托罗拉、德州仪器。然则90年代以来，日本和欧洲的芯片制造，特别是先进制造快速衰落，其中日本NEC将当时最为先进的8英寸生产线工艺转移给上海，荷兰飞利浦把全球刚兴起尚未大放光彩的数字芯片加工技术授权给台积电，这两家基本放弃了自身的芯片加工能力的升级。

20年后的今天，日本、欧洲的芯片产业整体竞争力与美国相比，已经不可同日而语，再也难以望"美"项背。

- 从后起之秀成功经验看

韩国、新加坡和中国台湾地区是芯片工业后发制人的典范。这三家有一个共同点，就是都（曾）拥有强大的芯片制造能力。试想，如果韩国没有三星和海力士的庞大芯片制造产能、中国台湾地区没有台积电而只有联发科，这两个地区在全球半导体领域的竞争力将会直落好几个层次。毫不客气地说，在移动互联时代，

韩国和中国台湾地区的设计行业主要得益于身边的强大制造能力，才追上了世界水平。

新加坡则是反面案例，自从特许半导体许身给了格罗方德，新加坡作为亚洲硅谷之一的美誉就趋向名存实亡。

● 从国内芯片发展历程看

上海最早布局芯片制造，从 20 世纪 80 年代的贝岭，到 90 年代末的华虹，到 21 世纪初的中芯国际，芯片制造有体量、有层次、有特点，自然而然吸引了大批芯片设计、装备、材料、测试企业慕名而来，当然这也与上海 2000 年以来集成电路产业政策的连续性息息相关。北京半导体产业在国内起步略晚，但中芯国际北京工厂 12 英寸生产线能力不弱，聚集了一些设备、设计厂商，因此成为半导体产业重镇。反观深圳，作为国内创新活力公认第一的城市，一直也有不错的集成电路产业政策，但因为一直没有像样的芯片制造能力，整个产业发展也就不温不火，其中依托华为崛起的海思是特例。比较一下深圳与上海的芯片设计业，收入在 1000 万元到 2 亿元之间、年增长 30% 的新兴企业，深圳不如上海集聚，这是产业链自然选择的结果，毕竟在上海周边 30 千米范围内有华虹、中芯国际、先进、新进这些芯片制造企业，这对设计企业非常重要。

所以中国要成为半导体产业强国，还是要不断补制造的课，不能有了一点制造能力，就觉得满足。事实上，华虹、中芯国际、长江存储等，任何一家都还没到依靠自身滚动发展就能赶上国际龙头企业的地步，还需要全方位的呵护；否则一个不小心，中国芯片工业就有重蹈 20 世纪欧洲与日本覆辙的风险。当然，设计业同样重要，中国拥有庞大的芯片产品需求，弥补设计上的短板也是时不我待，利用好中国工程师红利的时代特征，芯片设计业与芯片制造业一起，齐力更快地追赶世界先进水平。

中国近年来在加强对集成电路制造进行窗口指导，一是避免地方政府对资本密集型重大项目的过度扶持，二是避免低水平重复建设。这两个不良倾向确实都需要认真规避，笔者非常赞同。

同时，我们也在提防避免中国新建项目受全球范围内产能过剩的波及。在这点上，笔者认为，**产能过剩是相对的，是由立场决定的**。

30 年前的家电，日本、欧洲制造一统天下，中国来了，大家都担心全球家电产能过剩。结果中国并没有过剩，剩掉的是其他同行。

20 年前的手机，日本、欧洲制造一统天下，中国来了，大家都担心全球手机产能过剩。结果中国并没有过剩，剩掉的是其他同行。

10 年前的面板显示，中国台湾地区面板五虎、日本夏普、韩国三星一统天下，现在除了三星依然威风，五虎仅剩友达苦苦支撑，夏普风光不再，而中国大陆地区京东方、天马、华星光电、维信诺等有了逐鹿中原之力。但毋庸置疑的是，京东方们在过去十年间，每次扩建工厂都面临着来自各方要求避免产能过剩的巨大压力。

全球芯片最大需求在中国。中国芯片制造产能发展一直严重滞后于需求，供给能力和需求的差距是越来越大，而不是越来越小。即使全球统计口径上产能过剩，也不应成为中国芯片制造产能快速扩充的阻碍因素。中国大陆芯片设计规模达到了全球的15%～16%，但芯片制造规模只有全球的5%左右，制造能力距离满足自有市场需求尚远。

也有专家提出，既然中国被限制进口14纳米及以下等级光刻机设备，没法大规模建设14纳米及以下生产线，只建设水平相对较低的生产线有意义吗？肯定有。看日本，日本是全世界6英寸、8英寸、12英寸非先进生产线保有量最高的国家，也只能支持其占全球5%～7%的模拟芯片、功率芯片、传感器芯片的需求，**中国这么庞大的市场，数以万计的新生芯片设计企业，还远没拥有日本的保有量，就轻言中低端制造产能过剩，这时候如果限制自身产能，略偏保守。**

国内看带动，当我们产能建设达到一定规模时，对国内设备、材料的带动才会产生规模效益。实事求是地看，7纳米、10纳米生产线带动不了国内几家设备材料企业，反倒是28纳米、45纳米乃至90纳米生产线，能够显著地扶持出一批设备企业，这些设备在规模壮大后，从内生机制亦有了研制更高水平设备的能力。

最后，世界公认，中国具备集成电路制造的成本优势，大规模建设集成电路工厂，是在为全世界做贡献。

截至2020年年底，东亚地区目前集中了全球半导体制造总产能的约75%，其中7纳米及以下的先进产能100%位于东亚地区。波士顿咨询研究表明，坐落在美国的新建集成电路工厂的总拥有成本比东亚地区高出25%～50%，其一半原因归因于政府激励措施的力度差异。波士顿咨询以中国台湾地区为例，认为其推行的政策包括无偿资助企业建立研发实验室，工业园区为新建集成电路工厂提供极其慷慨的税收抵免，以及覆盖高达35%资本支出和13%设备购买的补贴政策。波士顿咨询认为，2009—2010年之后即使中国台湾地区激励计划有所减少，但该地区仍在为新建集成电路工厂提供占总拥有成本 25% ~ 30% 的激励措施。相比之下，美国和欧洲对新建集成电路工厂的激励力度仅占总拥有成本的 10% ~ 15%。总拥有成本由两部分组成：一是土地、建筑和设备等资本支出；二是包括人力资源、水电煤气、原材料、税收等在内的连续十年运营费用。

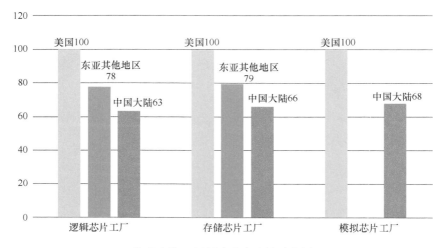

集成电路工厂新建成本比较示意图

数据来源：波士顿咨询

假定美国新建集成电路工厂总拥有成本是 100，则中国大陆相对成本仅为 63 ~ 68，东亚其他地区相对成本在 78 ~ 79。换个角度阐述，如果在美国新建一座集成电路制造工厂，那么逻辑芯片工厂比中国大陆贵 59%，存储芯片工厂比中国大陆贵 51%，模拟芯片工厂比中国大陆贵 47%。

我们期待半导体能像家电、平板显示一样演绎，中国为全球芯片更价廉物美做出应有的贡献。但我们也要清醒地认识到，这个演绎的难度会更大、周期会更长。

3.5.5 理性分析，而不被无效产能误导判断

笔者在《芯路》一书中曾经提出一个观点："近年来国内的新建大型制造项目，约三分之一是一开始筹建各方就明白项目很难成功（必备特征之一为政府出资为主），三分之一是一开始筹建各方非常期望成功但客观条件注定困难重重，三分之一是努力争取落实条件后比较容易成功（重要特征之一为市场化机构出资占一定比重）。"

这就引出一系列问题：

● 我们今天的在建产能统计是否足够准确合理？

● 企业和地方政府仅仅发布了一个重大项目战略合作协议是否就应该被统计为我国拟建产能甚至在建产能？

● 地方政府的三年行动计划、五年产业规划中的重大项目，是不是就一定会如期开建？

● 即使动工建了，是不是就一定能形成有效产能？

● 如果有效产能在统计口径上明显被放大了，我们原来期待满足国内芯片设计企业代工需求的产能，是不是有了很大的缺口？

● 怎么去填补这些原先被错误统计的无效产能？

● 我们原来依据这些虚大产能统计制定的相应产业政策，是不是有优化修订的必要性和迫切性？

日本半导体历史上，曾出现过把无效产能当作有效产能的乌龙，并可能由此成为压倒日本曾经傲居全球的 DRAM 存储芯片工业这一骆驼的最后一根稻草。

1999 年 12 月，在日本经济产业省的主导下，日立和 NEC 合资成立了合资企业尔必达。日本媒体其时非常看好尔必达的诞生，

誉之为"强大新技术研发能力的日立与强大生产技术能力的 NEC 的合体",并满怀信心地期待其成为全球最强大的 DRAM 制造商。

两者合并前,两家企业市场份额占全球 17%;合并两年后,占 4%!

尔必达旗下拥有三座工厂,包括 NEC 广岛 8 英寸工厂,日立新加坡 8 英寸工厂以及新建成的全球最先进的广岛 12 英寸工厂。新产品统一在 NEC 相模原研发中心进行,并研制出了当时最先进的 256MB DRAM 产品。但 NEC 与日立执行的是迥异的工艺路线,竟然只有 NEC 广岛 8 英寸工厂能够制造它,另一座 8 英寸工厂和 12 英寸工厂的生产工艺则完全无法匹配。当然,如果对这两座工厂 60% 的工序进行大幅调整,特别是对其中 30% 涉及清洗的程序进行修改,还是能够制造该产品的,但这是一个巨大的工程,非一两年所能完成。

日本东芝、富士通等曾经的 DRAM 巨头此时已不得不退出了舞台,**尔必达代表了日本在 DRAM 产业的唯一希望。然而,"全村唯一的希望"只是架子吓人,有效产能只有面上产能的四分之一左右。**2004 年,三菱电机的 DRAM 业务部门也被并入,自此,曾在 1993 年位居全球十大半导体厂商排名第二、第五和第八的三家日本半导体厂商的 DRAM 业务汇集在了一起。

尔必达其后虽有回升,但未逃脱被出售的命运。2012 年 2 月,尔必达申请破产保护;7 月,被美国美光科技收购。2013 年 6 月,正式成为美光科技的子公司,标志着日本在 DRAM 的竞争中彻底被淘汰。

尔必达在 1999 年到 2001 年的那三年,有七成以上的产能其实是无效产能。这个无效产能,不但误导了自身,也误导了日本经济产业省，对产业布局和发展态势形成很大的误判。

对中国的借鉴在于，我们在统计分析集成电路产能时，无论是芯片制造产能，还是大硅片产能、光刻胶产能、封装测试产能，一定不能只是做简单的加法。要挤一挤企业和地方政府发布的新闻数字中的水分，要充分依托行业协会等机构的专业性，带一些甄别，最终放到决策者桌上供决策参考的，是全面的、有深度的、有准确度的有效产能。

有效产能的另外一个分析角度，就是是否与中国的上下游直接关联，是否能满足中国相关产业链的需求。这一点主要体现在境外企业投资的制造工厂上。

从笔者的角度，同样是境外半导体企业投资的工厂，三星西安工厂和海力士无锡工厂就难算作中国大陆的有效产能，因为这两座庞大的工厂全部芯片产品仅为了满足韩国总部的需要，是简

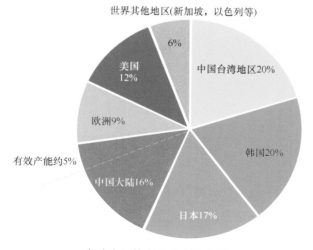

全球半导体产能分布示意图

数据来源：布鲁金斯学会、美国半导体产业协会

单明了的来料加工模式；而台积电松江工厂和台积电南京工厂可视作中国大陆的有效产能，因为这两座工厂是代工业务，能有效满足中国大陆如雨后春笋般涌现的设计企业的制造需要。

国际上流行的说法，是中国大陆半导体产能已经超越了美国，并且接近日本，即将超过韩国和中国台湾地区。这里谬误之处颇多，平白引起日本、韩国和中国台湾地区不必要的顾虑和紧张。上图中，笔者在美国半导体产业协会产能统计图上加了虚线做了标识。剔除海力士无锡工厂和三星西安工厂纯来料加工的产能之后，**中国大陆自主产能数量约5%，距离国际上主要半导体国家和地区差距极大**。

国际上不必要误会只是一方面，我们要全力避免自身也被这种"国际主流"的判断所误导，减缓甚至停滞中国半导体产能满足自身需求的步伐，那样国外始作俑者除了达到了引起世界半导体主要国家和地区对中国抵触提防之外，却又多了一个意外收获。

3.5.6 境外投资，专业投资机构与实体企业

据不完全统计，2021 年全球集成电路行业签约、完成并购的项目超过 38 个，金额超过 **665 亿美元**。从业企业投资并购依然方兴未艾，兼并整合产业资源依然是企业做大做强的主要途径之一。

同时，全球投资并购的保护主义有加剧趋势。2021 年内有三件重要并购项目由于政府监管原因最终失败。

其一是中国投资方出资 14 亿美元全资收购韩国美格纳项目，美国政府主动干预，虽经韩国美格纳申请延期审核，最终仍未能通过美国审查。

其二是美国英伟达 400 亿美元"股票＋现金"全资收购英国

ARM 项目，由于英伟达股价大涨，收购实际出价一度高达 870 亿美元，但因为英国、美国、欧盟监管机构的多方顾虑，最终亦未能完成交易。

其三是中国台湾环球晶圆出资 52 亿美元全资收购德国世创项目，未得到德国政府的有效支持。

上述三大失败并购案规模高达 **936 亿美元**，显著超过了年内全球完成的并购金额，充分表明在半导体紧缺的背景下，地缘保护主义日渐趋强。

笔者曾在 2018—2021 年期间参与了中国多起跨境半导体并购项目。总的体会是，中国在鼓励创新创业方向上的优惠政策组合拳迭出，但在投资并购境外半导体技术上，国家政策目前着墨甚少，尚未提上日程。

具体到芯片产品的上百个细分门类，基带芯片（海思科技）、指纹芯片（汇顶科技）、图像传感器（豪威科技）、分立器件（安世半导体）、封装测试（江阴长电）等 5 个细分领域，中国在规模和技术两个维度均已进入世界前三，但其他方向上中国没有进入世界前五的企业。在此背景下，境外半导体企业价值突显。事实上，上述所列中国五个进入世界前三的企业，两个来自境内创业（海思科技和汇顶科技），两个来自境外并购（豪威科技和安世半导体），一个是境内创业企业通过境外并购丰富技术储备并做大规模（江阴长电）。这是半导体境内外双循环的形象写照。

中国半导体产业，如能以国内大循环为主体，同时辅助中国企业进行市场化投资，布局国内国际两个市场，将能形成国内国际双循环相互促进的新发展格局。

半导体境外投资，能帮助中国半导体产业缓解多方面的压力。

- 有助于缓解短期内中国原始创新不足的问题。中国在 0 到 1（从无到有的原始创新），乃至 1 到 10（从实验室走到工程化阶段）方面，与以色列、美国等国家仍有一定差距。境外投资是帮助我们了解半导体新兴领域技术趋势的有效途径。

- 有助于缓解中国后发追赶时间不等人的问题。一方面，欧洲、日本近 20 年来新设立、新崛起的半导体企业屈指可数，让中国半导体创业企业在追赶时有盼头。另一方面，按技术特性和行业规律，半导体材料、设备、传感器领域需要十年甚至数十年布局，才能形成市场认可的高可靠性产品，后发者往往需要 5 ~ 15 年才可能赶上。境外投资有可能将中国半导体部分领域的技术和产品成熟度，从与全球顶尖水平遥不可及，逐步缩短一些差距，达到近在咫尺的良好效果。

- 有助于缓解中国半导体研发和高级管理人才短缺的问题。就技术研发人员而言，经验积累至关重要，特别是在模拟芯片、传感器芯片、设备、材料等方向上，往往需要数年甚至十年以上的培养，才能掌握专业技能。就高级管理人才而言，丰富的全球化管理经验以及全球化的半导体供应链经验，是我国半导体产业源源不断产出有充分性价比和显著市场竞争力芯片产品的重要条件。

- 有助于缓解中国芯片产品进入欧美等发达国家市场的问题。由于境外投资并购的标的企业本身扎根境外市场，通常具有非常成熟的客户群体和通畅的全球市场渠道。芯片用户对于供应商资质的验证十分苛刻，存在着验证时间长、验证标准高等特点，而对于资质合格的供应商，双方将会保持稳定的合作关系。境外投资能帮助中国芯片产品快速进入欧美等发达国家市场。

一般认为，国际环境恶化将导致中国企业境外半导体淘金越来越难。主要体现在境外相关机构的审查环节。这类审查聚焦在：

一是显性有规模、有影响力的标的企业，譬如阿斯麦（全球最顶尖的光刻机制造企业）、高通（全球最先进的通信芯片企业）等，均不可能成为中方投资对象。

二是产品用于敏感领域的芯片企业，譬如 FPGA、雷达芯片等。

三是上市企业，因其需公告退市，会引起境外少部分民众的反对，推动相关政府强化审查力度。

对于其他数以千计的半导体企业，收入规模从千万美元到数十亿美元，中国仍有参与投资的可能。实际上基于以下三个原因，境外大量的半导体企业有转让部分甚至全部股权的内在强烈要求。

- 欧洲、日本等绝大部分半导体企业创立于20年前，创一代都老了，部分家族二代接班的意愿并不强，有出售的需要。

- 中国资本市场给予半导体资产的估值，远高于纳斯达克交易所、伦敦交易所、法兰克福交易所、东京交易所等资本市场定价，因此境外无论基于什么原因的股权出售，中国买家都有全球最强大的议价能力。

- 中国的芯片客户越来越担心由于国际因素导致无法从外部获得必需的芯片产品，从而倾向于内部采购。部分外部半导体企业认识到这一点，可能主动将部分业务或股权出售给中方。

笔者对2015年以来中国境外半导体投资并购规模1亿元人民币以上的项目进行了整理，发现民间市场化投资机构已经自发做了大量的工作。2015年以来，1亿元人民币以上境外半导体投资并购项目总规模超过1014亿元人民币，单体20亿元人民币以上项目 11 个，其中 100 亿元人民币以上项目 4 个。

笔者也发现近年来境外并购起伏很大。2015 年、2016 年、2017 年境外半导体投资并购非常活跃，年度总金额在 150 亿至 300 亿元人民币之间；2018 年、2019 年陷入了低谷，金额降至 50 亿元人民币以下；2020 年、2021 年则重新活跃，2020 年投资并购项目数量一举超过 2015/2016 年水平，2021 年上半年项目数量达到创纪录的 5 个、金额达到 143 亿元人民币。

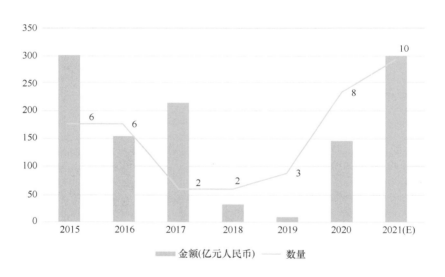

2015—2021 年 1 亿元人民币以上跨境并购示意图

数据来源：根据公开信息整理

笔者也深入研究了境外并购的发起人的差异，主要从实体企业和专业机构两类来分析。

实业企业和专业投资机构均对境外半导体并购激情高涨，双方项目数量不相上下、交相争辉，但专业投资机构在项目体量上遥遥领先，且在投后表现上更有独到之处。

在上述1亿元人民币规模以上共计35个境外半导体并购项目中，由中国实业企业发起的项目16个，合计金额198亿元人民币；由中国专业投资机构发起的项目19个，合计金额816亿元人民币。

实业企业发起境外并购项目有业务优势：

- 发起人本身就是从业企业，了解标的企业业务。
- 发起人与境外业务有一定的互补性和协同性（一般是境外资产的技术水平高于发起人自身）。
- 并购完成后业务运营上手可能较快。

但同时，实业企业的业务优势往往也是双刃剑，因为其境外并购的出发点，部分在于提升中国境内母体的综合盈利能力，因此境外子公司的重心更多是研发主体、技术来源和境外销售通道；而此定位往往会削弱境外并购的价值。

- 部分境外员工因其供职单位从盈利主体变为事实上的非盈利主体，可能会因为心理落差走掉一批核心员工。
- 并购后发起人可能会陆续将总部业务人员派驻境外，可能会导致境外部分核心员工离职。
- 实业企业往往以业务专家自居，往往倾向于用母公司文化来指挥境外子公司，境外核心员工可能会被动离职。

专业投资机构发起人的利益诉求则与实业企业迥异。其并购目标，在于通过其自有资源，特别是中国境内市场资源将境外标的发展壮大。境外标的将是上市主体、盈利主体、研发主体，同时可能也是中国境内新设工厂的控股单位。从境外标的的视角来看：

- 不用担心其技术、产品和业务被中国境内某个实业企业吸收占有。

● 新的控股股东（专业投资机构）没有能力因此也不会派驻大量业务人员对境外核心技术人员进行替换。

● 中国境内新设工厂如果是境外标的全资子公司，中国境内新设工厂发展得越好，境外标的企业价值越高，专业投资机构作为实控人的利益越高。三个层次的利益实现了高度一致。

从投资效果看，经济效益和社会效益较为突出的项目，其中专业投资机构发起的占较高比重。

3.5.7　境内并购，半导体企业 IPO 外的大道

当前中国半导体企业一级市场投资估值趋高，渐有估值倒挂的现象，即在一级市场上不少企业的估值倍数，已显著超过二级市场同行企业。

一级市场与二级市场投资逻辑不同。一级市场看发展空间，二级市场看市盈率。估值倒挂表明，**当前一级市场有部分半导体企业估值已经透支了今后数年甚至近十年的成长空间。这种对未来的美好预期业绩，还是在成长不发生任何不确定性因素的条件下才有可能实现，因此当前的一、二级市场倒挂具有一定的不合理性，预计只是短期现象。**

此外，中国半导体细分领域创业企业密集，似有互联网经济化的趋向。近年来集成电路初创企业如雨后春笋一般涌现，通过第三方应用检索"集成电路"，相关企业有约 42 万家；检索"半导体"，相关企业有约 20 万家。这片"欣欣向荣"的市场也蕴藏着危机，即使是很窄的细分领域都有十数家甚至数十家创业企业，投资机构也不吝给予堪比二级市场的高估值，进而引发程度不一的同质化竞争，成为中国半导体产业发展的新挑战；化合物半导

体、GPU、EDA工具等是较有代表性的领域，这三个细分领域都至少有数十家新创企业，其中化合物半导体企业超百家。

按常理推断，一个细分领域能上市的企业数量较为有限。

一方面，笔者呼吁一级市场科学估值、理性投资。

另一方面，笔者也呼吁出台具体举措，**鼓励已上市半导体企业能按市场估值并购一级市场同行企业，进而快速实现产品多样化、功能完整化，用最短的时间完成国际同行数十年发展的目标，在每个细分领域真正培育出数家具有国际竞争力的芯片企业。**

鼓励半导体企业通过连续并购实现滚动发展，亦是全球半导体巨头做大做强的普遍做法，甚至是必由之路。半导体设备、EDA工具、模拟芯片等细分方向上，都需要自家产品具备足够多功能（EDA）、自家企业具备生产线上足够多品种产品（设备）、自家企业能供应用户关联的足够多芯片（模拟芯片）。所有这些"足够多"，依靠自身研发显然是不现实的，半导体企业均通过并购来实现。譬如世界三大EDA巨头的发展历程表明，一方面要靠自身的技术沉淀与自主研发取得成果，另一方面更多的是靠海纳百川的并购形成竞争优势。全球EDA发展史，其实就是一部并购史。三大巨头发起的并购超过200多起，而反观发生在中国EDA同行间的并购却屈指可数。

鼓励半导体骨干企业发展，但不阻止甚至扼杀各个半导体细分领域的创新创业。**大禹治水在疏不在堵，半导体亦是。**这个"疏"，就是给创新者以创业的空间，给创业者以被并购的通畅大道选项，允许甚至鼓励半导体已上市企业自行按照市场化估值吸收合并一级市场同行企业，而不用中国主板市场较为传统的市盈率等参数加以约束。

3.5.8　中国是否会步日美半导体战争的后尘

笔者的观点是不会，毕竟中美之间与当初日美之间迥异。

其一：迥异的国家依附度。

日本在美国产业、经济、金融等阻击面前，并不能平等地谈判乃至反击。二战后，日本本身在政治和经济上都高度依赖美国，并且美国在日本有庞大的驻军，这种依赖程度非常的深，使得日本在抗衡美国方面的议价能力有限。

相对于日本，中国在经济上跟美国更多的是相互依存关系，因此中国能够更好地顶住美国的压力，调整自身的经济政策。特别是在货币政策方面，日本顶不住美国压力只能让日元长期大幅升值，中国则有更自主的货币政策。

其二：迥异的产业阶段。

日本和中国在半导体产业发展的不同阶段受到了来自美国霸权的挑战：日本是在半导体发展到相对极致，全面领先于美国半导体的情况下，而对应的中国半导体今天则是在各个领域全方位落后于美国。从经济后盾看，中国经济规模已远远超过日本的鼎盛时期，在世界范围内的出口份额也大大增加。随着中国在技术阶梯上的不断攀升，其在全球经济中的地位预计将上升，进一步接近美国。

美国打压日本半导体产业时，日本已登顶世界半导体王座，独占全球52%的市场份额，已难有再上台阶的可能，因此一路下滑是必然。

美国打压中国半导体产业时，中国仍在半导体的半山腰攀登，相当部分产业环节还在山脚大本营，美国打压再厉害，也只会略减缓中国半导体产业的上升节奏。但由于中国半导体产业前方攀登空间太大，因此美国客观上无法阻挡中国半导体产业一路朝上的趋势。

其三：迥异的市场潜力。

日美半导体战争的背景是，日本半导体大举占领美国市场，而美国半导体却很难卖到日本市场。美国发起对中国半导体打压的背景是，中国半导体市场已经被美国半导体产品占领，中国半导体产品还没有规模化进入美国市场。从中国芯片进口金额占世界半导体产值比重推算，今天中国市场约占全球的40%，是美国半导体企业完全无法绕开的第一大市场。中国半导体企业即使仅瞄准内部市场，也有巨大的成长空间。

鉴于此，预计美国对中国半导体产业的压制结果将与日美半导体战争的过程和结果大不相同。

第 4 章

出路在"合"（2022—）

日本政府充满着只有工具没有大米的焦虑。
日本半导体已成传统产业且不受资本市场青睐。
是攀高枝与第一强国美国高来高去务务虚，
还是理性出发与最大市场中国谈谈互补共发展。

4.1 国际大环境

4.1.1 美国 30 年后回归半导体

2017 年 1 月，美国白宫发表了《确保美国半导体的长期领导地位》（*Ensuring Long-Term US Leadership in Semiconductors*）的报告，这是美国政府重新将目光投向半导体产业的宣言。2018 年 4 月中兴通讯事件爆发，与《确保美国半导体的长期领导地位》中"要巩固内部投资安全和出口控制，并对中国的某些违反国际协议的某些方式进行限制"的提法遥相呼应。因此，该报告代表的美国半导体战略，直至今天对我们仍有颇多思考与研究价值。从中我们可以较为清晰、全面地了解当今半导体第一强国美国对半导体产业的战略定位和策略选择。

2017 年 1 月 16 日，笔者在个人公众号"产业杂谈"（又名"冯言锋语"）发表了《独家解读〈确保美国半导体的长期领导地位〉》。全文近万字，现择其中部分观点性内容，以反映美国从 1985 年对日本发动半导体战争之后，32 年来第一次表达出对半导体产业的极度重视。其中，括号外为美国报告观点，括号内容为笔者在 2017 年的解读评论。

• 半导体是现代生活的重要组成部分，还开拓了很多新的业务模式和产业，对美国的国防系统和军队实力也是重要的保证。（集成电路是国家战略性、基础性和先导性产业。）

• 要改善美国半导体企业的业务环境。（连美国人都为一个行业要改变环境，中国对集成电路这一特定行业制定特殊政策而顾虑影响不好的老念头可以休矣。中国半导体企业最重要的业务环境，不外乎税收、财政、人才、上市融资通道等，其中欠缺突破的，似乎只有上市融资通道了，期待!)

- 要推动美国半导体接下来几十年的创新。(我们大部分精力，还是花在追赶美国主流技术上，花在未来技术上的力量还是太少太少，尚需章法。)

- 从历史上看，全球的半导体市场从来不是一个完全竞争的市场。(这句话是美国报告全文的点睛之笔。**美国作为全世界遥遥领先的半导体第一强国，仍在强调半导体并非是完全市场竞争的领域。**中国作为制造落后2代以上，部分工具、设计、装备、材料甚至不具备相应研发能力的追赶者，尤其应该突出半导体的国家属性、战略属性、政府引导属性，下定决心，再花10~20年时间，集中投入，做大做强。)

- 美国应该和中国进行会谈，明白中国的真实意图，通过加入联盟的方式，巩固内部投资安全和出口控制，并对中国的某些违反国际协议的某些方式进行限制。美国同样需要调整国土安全的相关协定，预防中国可能带来的安全威胁。(信息量巨大，且涉及的都是实质性的手段。至少包括三个方面：一是美国与盟友组成联盟的方式，对中国半导体技术开发进行围堵。最近澳大利亚政府宣布封杀华为、中兴两家企业的5G业务，就是澳大利亚作为盟友响应美国号召，从应用端围堵中国半导体产业。二是以中国违反国际协议的理由对中国半导体企业直接加以限制甚至封杀。三是以国防安全为由，限制中国企业并购美国半导体相关企业。美国全面强化CFUIS（美国外国投资委员会）审查门槛，是最新的反映。)

- 一个极具竞争力的美国半导体产业是创新和安全的保证，美国政府应制定策略，吸引极具天赋的研究员投入到相关的研发中去，并从政策、资金和税收上给予帮助。（报告明确无误地提出了资金、税收这两个概念，资金就是补贴，美国一般以委托合同的方式出现；税收这个很厉害，为半导体行业税收开绿灯。我们可以借鉴，作为半导体追赶国家，不至于进一步拉大与半导体第一强国的差距。）

- 如果美国政府通过将其产业与国外竞争者隔离来保持其竞争领先优势，创新将会遭受打击，同时美国产业竞争力和经济会受到影响。（美国意识到对中国半导体竞争者简单封杀并不可取，封杀是相互的，对美国同行的市场拓展和技术创新都有损害。）

- 为了维持国防优势，军方需要拥有某些潜在对手不拥有的半导体技术。包括军方在内的政府采购方，同样也需要缓解半导体供应链带来的风险，也**需要正视半导体产业的完整性和可用性不足可能带来的风险**。（美国开始正视半导体产业链齐全问题，而不是简单地追求最高附加值、最有技术含量的环节。从中也印证了中国追求一个健全的半导体产业体系的必要性和重要性。）

- 美国应该以国防安全作为做相关决定的衡量出发点，在某些领域不应该给中国任何谈判的可能。只要中国还坚持他们的那些不合理的方针，美国也应该持续执行这些策略。例如中国在信息技术领域的所谓"安全可控"，这应该成为美国策略制定者的参考，美国应该阻碍中国对美国企业的收购，并对美国芯片出口进行限制。（美国智库直接用了"阻碍"的提法，这个提法没有任何市场化竞争理念可言。美国以国防安全可控为由，反对中国追求安全可控，本身就是一个有趣的悖论。但理性分析，**从安全可**

控的悖论可以看出，美国基本上不可能解除对中国的核心技术封锁，无论今后签订什么协议，都很难解除。)

● 理想情况下，全球应该共同为半导体产业打造一个公平、以市场为主导的环境。当然，为了美国的国土安全，美国的某些例外做法应该也是被允许的（全球都要公平，只是美国要求比其他国家额外多些特例权）。

4.1.2 半导体成为常见封锁工具

国际上的正式封锁工具，最早起源于巴统（即巴黎统筹委员会）。1949 年 11 月，在美国提议下，美国、英国、日本、法国、澳大利亚等 17 个国家在巴黎成立巴黎统筹委员会，限制成员国向社会主义国家出口战略物资和高新技术。列入禁运清单的有军事武器装备、尖端技术产品、稀有物资等三大类上万种产品。

半导体成体系地被纳入国际上的正式封锁工具，则是在 1996 年。美国基于巴统机制，召集 42 个国家签署了《瓦森纳协定》，包括：澳大利亚、比利时、加拿大、丹麦、法国、德国、希腊、意大利、日本、卢森堡、荷兰、挪威、葡萄牙、西班牙、土耳其、英国、美国（以上 17 国为原巴统成员国）、阿根廷、奥地利、保加利亚、捷克、芬兰、匈牙利、爱尔兰、新西兰、波兰、罗马尼亚、俄罗斯、斯洛伐克、韩国、瑞典、瑞士、乌克兰、墨西哥、南非、印度、克罗地亚、爱沙尼亚、拉脱维亚、立陶宛、马耳他、斯洛文尼亚。可以看到，《瓦森纳协定》覆盖了西方全部发达国家和非社会主义阵营的其他活跃国家。《瓦森纳协定》下，成员国可参照共同的管制原则和清单自行决定实施出口管制的措施和方式，但实际上受美国控制。

1996 年版本《瓦森纳协定》对包括光刻机在内的半导体设备出口进行了控制。2019 年，美国再次针对《瓦森纳协定》进行了最新一轮的修订，新增了对于光刻工艺相关软件以及 12 英寸硅片等基础材料技术的管制，收紧了光刻机、硅片制造的上游供给。

美国在不断创造和修正半导体出口控制体系，试图在半导体出口控制方面建立相关的联盟组织。2022 年 3 月，美国提议与中国台湾地区、日本和韩国建立"Chip4 联盟"，以建立半导体供应链。"Chip4 联盟"成员中，中国台湾地区因拥有联发科、台积电、日月光等三家串连设计、制造到封装测试全产业链环节的企业，可能成为主干；韩国则以三星、SK 海力士为双箭头，日本以东芝、瑞萨、东京电子、信越化学等为羽翼，美国则以应用材料、美光、英特尔、博通、高通等为头部。若成局，将是半导体历史上最强的联盟。

半导体封锁也成为美国制裁俄罗斯的方式。为了切断俄罗斯引进西方技术的渠道，美国对俄罗斯的制裁也在不断升级，半导体、计算机、电信、信息安全设备、激光和传感器都被纳入出口管制名单，这其中就包括了俄罗斯最大的芯片制造商和微电子制造、出口商。

4.1.3 谋求半导体小循环

2021 年以来，**由于被美国向中国部分企业和机构禁运芯片产品深深触动，各个国家和地区纷纷将半导体产业链建设上升为更高层面的战略任务，**以谋求供应链的独立性和完备性。美国作为 1986 年发动美日半导体战争和近年以半导体作为武器对中国极限施压的始作俑者，这次更不例外。

- 美国，重塑半导体最强完整产业链

今日之美国，与 1985 年半导体产业奋起直追之美国大不相同。

1985 年，美国看重的是美国芯片如何进入日本市场，如何把日本芯片从美国市场上赶出去。

今天，美国的芯片产品已经完全进入了中国市场，中国的芯片产品也没有听说在美国市场上流行。**美国近年来屡次利用中国半导体产业环节虽齐全但大部分环节都非常脆弱的特征，选择性惩罚中国企业。推己及人，美国同样也担心自身有朝一日被其他国家这么摆一道，因此当前最操心的是产业链补齐做强。**

2022 年 2 月，美国提出《2022 年美国竞争法案》，计划为美国半导体行业提供近 520 亿美元（约合 3300 亿元人民币）拨款和激励措施，用于加强美国国内供应链、先进技术研发和科学研究。法案将在研发、创新及制造等领域带来变革性的新投资，以确保美国在今后数十年里战胜世界上任何一个竞争对手。法案致力于加快美国关键半导体芯片的生产，强化供应链，在美国生产更多产品，提升研发能力，引领未来技术走向，以提高全球竞争力。

美国地方政府也是各显神通，强力争取半导体大型制造工厂落地。美国俄亥俄州向英特尔提供总额约 20 亿美元的激励措施，吸引英特尔投资 200 亿美元建造至少 2 座芯片制造厂。美国亚利桑那州吸引台积电来美斥资 120 亿美元建设一座芯片工厂。美国得克萨斯州吸引三星投资 170 亿美元建设一座 5 纳米工艺水平的12 英寸工厂。

从全球视角来看，美国本身已经在半导体产业链上占据了最有价值的部分。

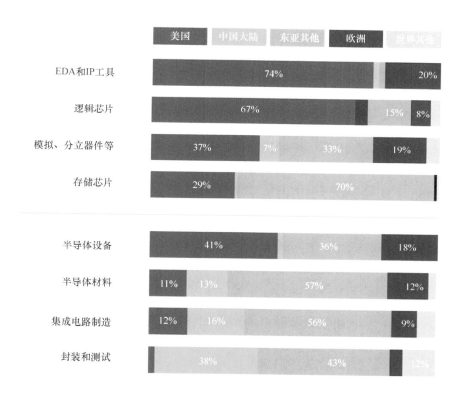

2019年全球各区域在半导体环节所占比重示意图

数据来源：SEMI，Gartner，SIA 等

由上图可见，美国牢牢控制住了研发强度最高、附加值最高的环节：

● EDA 和 IP 工具中欧洲 20% 的份额是明导国际（Mentor Graphics）贡献的，该企业是德国西门子控股的美国企业，因此也可说美国占有 EDA 和 IP 工具 94% 的份额。

- 逻辑芯片是通过高强度研发、引导摩尔定律前行的主要载体。逻辑芯片（包括 CPU、GPU、AP、FPGA、MCU 等）占全球半导体产值 42% 的比重，因此美国在价值链上也相当于控制住了半导体产品的最大板块。

- 半导体设备需要数十年沉淀和顶尖工业基础，美国也占有全球最大的份额。

中国大陆在需要大规模资本投入的封装测试上有较好的表现，在需要极大资本规模投入的集成电路制造领域也有 16% 的市场份额（其中大部分份额来自于韩国三星和海力士的资产）。东亚其他地区（日本、韩国和中国台湾地区）除了日本在半导体装备有显著竞争力外，其余大半也是集中在集成电路制造和封装测试等高度依赖资本投入的细分方向上。

美国今天重提集成电路大规模制造，并大规模地布局，其实在按政府意志主导，进入美国没有相对优势的领域。美国这是为了其所谓的战略利益，而不遵循专业分工、相对优势等经济规律的强势行为，强行打造本国相对完整的半导体产业链。究其原因，**全球 10 纳米以下芯片代工产能，92% 位于中国台湾地区，8% 位于韩国，形成了美国眼里的潜在阻塞点。这些阻塞点可能因自然灾害、基础设施关闭或国际冲突而中断，进而导致美国整个芯片供应的完全中断。**

然而，高达 70% 的半导体材料也在东亚地区，如硅片、光刻胶、特种化学品等关键材料供应商都集中于此。美国一味填补高端制造产能，在半导体产业高度专业化分工、充分全球化布局的今天，显得头痛医头、脚痛医脚，并不能解决美国半导体产业的自主可控问题。

- 欧盟，打造欧洲自己的半导体生态系统

2022年2月，欧盟发布《欧洲芯片法案》，计划投入超过430亿欧元公共和私有资金提振欧洲芯片产业，目标是到2030年占世界半导体收入规模从10%翻倍上升到20%。《欧洲芯片法案》主要包括欧洲芯片倡议、确保供应安全的新框架、欧盟层面的协调机制3个主要组成部分。其中《欧洲芯片法案》提到，将汇集欧盟及其成员国和第三国的相关资源，并建立确保供应安全的芯片基金。该法案条款还包括监测欧盟芯片出口机制，可在危机时期控制芯片出口；强调加强欧盟在芯片领域的研发能力，允许成员国支持建设芯片生产设施，支持小型初创企业。

《欧洲芯片法案》与《美国竞争法案》的出台初衷截然不同。

《欧洲芯片法案》出台的背后，是欧洲半导体产业的危机感和日渐式微的产业存在度。在短期内，它将使欧洲能够预测并避免供应链中断，从而增强应对未来危机的抵御能力；从中期看，它将有助于欧洲成为部分而不是全部芯片产品市场的领导者。《欧洲芯片法案》并非只关注芯片生产，它还通过提高其他国家所依赖欧洲产品和技术的能力和性能来确保欧洲在全球半导体生态系统中的相关性。

- 日本，弥补先进逻辑芯片不足短板为己任

日本2021财年预算修正案，一共7740亿日元（约合423亿元人民币）投向半导体产业，其中55%用于资助台积电与索尼在日本熊本县建立一家芯片工厂，剩余资金用于强化半导体生产设备，以及5G通信技术、半导体相关技术等研发。

- 韩国，帮助巨头企业扩大芯片制造能力

2021年5月，韩国发布"K半导体战略"。韩国计划在2030

年前，与三星电子、SK 海力士等 153 家韩国半导体企业，共同投资 510 万亿韩元（约合 2.6 万亿元人民币），目标是将韩国建设成全球最大的半导体生产基地，引领全球的半导体供应链。

三星电子发布的半导体规划表明，它将会在 2030 年之前，对芯片代工、IDM 制造等项目投资 171 万亿韩元（约合 8700 亿元人民币）。SK 海力士则计划投资 2050 亿美元（约合 1.38 万亿元人民币）扩建现有工厂，并新建 4 座工厂。

4.1.4　英国脱欧阻塞日本入欧通道

在英国脱欧前，英国一度是日本企业青睐的欧洲投资目的地。

从英国前首相撒切尔夫人开始，英国政府就致力于支持日本日产、丰田和本田等企业将英国作为进入欧洲市场的跳板。英国脱欧后，日本企业开始担心颠覆投资英国制造业的整个商业逻辑，并顾虑这个跳板的有效性。

日本是英国最大的外国直接投资（FDI）来源之一，长期以来日本企业一直将英国视为亲商国家，也默认将英国作为通向欧盟其他地区的门户。

日本和英国的相似之处包括但不限于：

● 都是岛国。日本位于日本列岛，而英国位于不列颠群岛，并且两个国家正好分别处于亚欧大陆的东西两端。

● 都是强国。日本和英国依然都是世界上极为重要的发达国家，并且是美国在亚洲和欧洲的最密切伙伴，没有之一。

● 都有王室。两国都有自己的君主体系。

● 都有陆上的大国邻居。都有体量庞大、经济可观的陆上大国邻居，英国有近邻法国，日本有近邻中国。

- 都不甘于现状。英国经过多年努力，终于跳出欧盟修成正果，日本多年来一直在努力"脱亚入欧"。

看到英国和日本在地缘、文化、历史等多方面有相似性和兼容性，日本在短期内要找到进入欧盟的其他门户，真的很难。

4.2 日本小环境

4.2.1 狭义半导体产业概念下的普通强国

国际上通常所指的半导体产业，是半导体产品产业，包括集成电路芯片产品、分立器件产品、光电器件产品和传感器产品，我称之为"狭义的半导体产业"。

在中国，我们习惯于把半导体产品及其上游供应端的芯片设计工具、半导体代工制造、半导体封装、半导体测试，以及上上游的半导体装备、半导体材料，都纳入半导体产业口径，我称之为"广义的半导体产业"。

这两个定义的差异，在世界半导体产值统计和中国半导体产值统计上可以清晰地区分开来。中国半导体产值的芯片设计年收入那部分，相当于世界半导体产值统计中的中国企业贡献。顺便说明一下，在国内一般也不使用"半导体产值"一词，更多采用"集成电路产值"。在国内的最普遍口径中，"集成电路产业"指的是广义的半导体产业。虽然分辨起来有些凌乱，但无论是政府还是产业界，都是这么默认的。

在狭义半导体产业上，日本已经从世界第一强国回落到普通的强国。在最重要或者规模最大的门类，日本几乎没有存在：

日本 30 年前后变迁示意图

数据来源：公开报道

- 存储芯片：半导体产品中单一规模最大的品种，超过 1500 亿美元，韩国、美国占据全球 95% 的市场份额。与之对应的，1990 年时日本占据存储芯片 60% 的市场份额，今天东芝存储已改名换姓，归属美国贝恩资本，日本存储芯片这一门类可视同为已清零。

- CPU 芯片：几乎空白。

- GPU 芯片：几乎空白。

- 3G/4G/5G 通信芯片：几乎空白。

- EDA 工具软件：几乎空白。

日本所剩不多的半导体产品企业包括三大类：其一是车用 MCU，主要代表是瑞萨电子；其二是功率半导体，日本群星灿烂；其三是传感器，日本仍是世界强国。

瑞萨电子仍然是世界级的汽车应用微控制器（MCU）领域巨头，与欧洲恩智浦和英飞凌主导着全球汽车 MCU 市场。

功率半导体于 20 世纪 80 年代问世，较多用于工厂和成套设备，此后在混合动力汽车领域大放光彩。日本曾长期占据世界最大汽车生产国和出口国宝座，有力地带动功率半导体产业蓬勃发展。

日本功率半导体企业包括电装、富士电机、富士通半导体、日立、京瓷、三菱电机、新日本无线电、瑞萨电子、罗姆、东芝等众多企业，多在向高性能、世界领先的碳化硅功率模块过渡。对于碳化硅来说，来自欧盟和美国制造商的竞争非常激烈，因此欧洲市场和美国市场对于日本功率半导体企业来说似乎都是无法渗透的，这成为日本功率半导体企业的最大挑战；**市场的出路可能只有中国**。同时，日本作为功率半导体市场的曾经领头羊，由于半导体资本偏弱，近年来投产扩产速度明显弱于欧美和中国，会否在功率半导体产业上"起了个大早，赶了个晚集"，也未可知。**产业扩张的资本救星，可能还是在中国**。

4.2.2　广义半导体产业概念下的一方霸主

在广义半导体产业范畴上，日本依然是世界第一流强国，多个细分领域牢牢地占住世界第一的宝座。

如果说半导体产业是一座庞大的金矿的话，那么日本曾经拥有半导体世界最优秀的挖矿工人群体；今天这个半导体世界，那些表现出众的挖矿工人都是其他国家和地区的玩家，但日本已是半导体世界最大的挖矿工具和消耗品供应商。

美国英特尔是公认的21世纪最优秀的半导体产业挖矿工人。从它长期采购的挖矿工具和材料（半导体设备和半导体材料）供应体系可以看到，日本供应商的优秀程度和不可取代性。这些优秀供应商的变革性创新和贯穿供应链的始终如一的高性能，对全球半导体产业的成功起着至关重要的作用；是它们在共同推进摩尔定律，提供领先产品，帮助半导体产业向前发展。

获得 2020 年度英特尔优秀质量供应商奖的有 26 家企业，日本有 14 家，占 54%；排名第二的美国仅有 3 家，占 12%。如果将欧盟看作一个整体，也仅有 7 家，占 27%，远弱于日本厂商的表现。

英特尔优秀质量供应商情况

供应商	国家	主营业务
欧唯特供应链（Arvato Supply Chain Solutions）	德国	国际物流服务
ASM 国际（ASM International）	荷兰	半导体沉积设备
阿斯麦（ASML）	荷兰	光刻机
奥特斯（AT&S）	奥地利	高端印制电路板
布鲁尔科学（Brewer Science）	美国	光刻底层、抗反射涂层材料和临时晶圆键合材料
迪思科（DISCO）	日本	切割、研磨和抛光设备和耗材
富士美（FUJIMI）	日本	CMP 浆料技术，研磨材料
乔治费歇尔（GF Piping Systems）	瑞士	管道系统
日立（Hitachi）	日本	蚀刻和计量设备
日矿金属（JX Nippon Mining & Metals）	日本	物理气相沉积用溅射靶材
台湾京元电子（King Yuan Electronics）	中国	硅片分拣和芯片测试服务
国际电气（Kokusai Electric）	日本	批量热处理系统
雷傮光电（Lasertec）	日本	EUV 光刻掩模检测工具
多摩化学（TAMA Chemicals）	日本	超高纯和高性能化学品
村田机械株式会社（Murata Machinery）	日本	自动化物料搬运系统
纳美仕（NAMICS）	日本	尖端的环氧树脂解决方案

（续）

供应商	国家	主营业务
信越化学株式会社（Shin-Etsu Chemical）	日本	硅片、光罩、隔热材料、底部填充和光刻胶
胜高（SUMCO）	日本	外延和抛光硅片
新思（Synopsys）	美国	EDA 和 IP
泰那普（Technoprobe SPA）	意大利	探针卡
皮尔（PEER Group）	加拿大	用于大批量智能制造的创新工厂自动化软件
东京应化工业株式会社（Tokyo Ohka Kogyo）	日本	光刻胶、显影剂、清洁解决方案
东曹石英（Tosoh Quartz）	日本	用于硅片加工的石英器皿
东曹薄膜材料（Tosoh SMD）	日本	用于物理气相沉积的高纯度金属和合金靶材
威莱克（Valex）	美国	用于超高纯度气体、真空和水系统的不锈钢零部件
威立雅（Veolia）	法国	废弃资源再利用

资料来源：英特尔网站

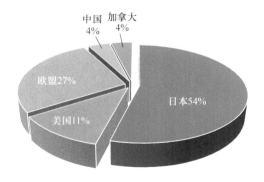

英特尔优秀质量供应商按区域示意图

数据来源：英特尔网站

日本在广义半导体领域，有两个特征：

其一，日本在新兴领域一样抓住了机会，持续保持强势地位。以 EUV 缺陷检测为例，EUV 经过 20 多年的发展，已进入批量生产阶段，预计逻辑芯片制造商将首先采用 EUV，存储器制造商随后也将采用 EUV；但是，使用 EUV 光刻机加工产品的缺陷检测一直没有得到很好的解决。2017 年，日本雷傣光电在全球范围率先解决了 EUV 的这一关键难题，开发出了一款可以检查空白 EUV 掩模内部缺陷的设备。很快，2019 年该公司又研制出了能对已经印有电路图的光掩模进行相同处理的设备，从而扫清了 EUV 检测的最重要障碍，实现了 EUV 光刻里程碑式的跨越。这种对台积电、英特尔、三星必不可少的检测设备，每台设备售价高达 50 亿日元（约合 5000 万美元），是日本厂商在半导体供应链上占领的又一战略高地。

其二，日本在广义半导体领域变得越来越重要，而不是被全球其他国家和地区厂商稀释和取代。譬如 2019 年英特尔优秀质量供应商共 24 家，其中日本 10 家，约占 42%，与之相比，日本供应商 2020 年在英特尔优秀质量供应商奖中的表现又有一个明显的提升。日本在广义半导体领域不但没有被稀释，反而越加强势，是因为日本越来越努力，还是其他国家和地区仍然找不到感觉呢？

据国际半导体产业协会统计，日本企业占据了全球半导体材料约 52% 的市场份额；其中芯片制造所需的 19 种必需材料中，日本企业占据了其中 14 种材料的垄断供给地位，个别材料如含氟聚酰亚胺的市场占有率高达 90%。

4.2.3　短缺引发的供应链风险

日本是广义半导体产业概念下的一方霸主，自然是有能力卡住世界任意角落半导体产业的脖子。2019 年，日本有过这方面的行动。

2019 年 7 月，日本经济产业省宣布，日本限制对韩国出口三种半导体材料，分别是含氟聚酰亚胺、高纯度氟化氢和光刻胶。这三种材料正是韩国高科技产业核心的显示器面板、半导体产业的上游必需品，属于韩国战略产业的七寸要害。含氟聚酰亚胺用来制造可折叠屏，高纯度氟化氢在集成电路制造中用来蚀刻硅片，而光刻胶更是用于集成电路和芯片制造的核心材料。其中，韩国半导体产业对日本限制出口的三种关键材料的依赖度分别为含氟聚酰亚胺 93.7%、光刻胶 91.9% 和氟化氢 43.9%。

日本政府此举，算是一招制敌地卡住了韩国半导体产业的脖子。最终，韩国半导体产业和显示器面板产业龙头企业三星负责人不得不亲赴日本求和，三星在付出了一定代价后结束了这场贸易争端，日本松开了卡在韩国两大核心产业脖子上的有力之手。

如果你曾经动手狠卡过别人的脖子，你会特别在意自己有朝一日会不会被别人卡脖子。 中国儒家讲究由己及人，从自己的看法出发，推导出别人的看法。墨家讲究由人到己，从别人身上看到优点与缺点，然后反馈给自己。日本无论是基于哪一种思维角度，现在是实实在在感受到其自身庞大的工业，特别是汽车工业被其羸弱的狭义半导体产业所卡脖子的巨大风险。

日本公认最有价值的三家企业分别是丰田、索尼和基恩士，市值分别为 2500 亿美元、1300 亿美元、1120 亿美元（2022 年 3 月），它们都是建立在硅片之上、高度依赖芯片供给的"制造帝国"。丰田、索尼是为大众熟知的知名品牌。另一家基恩士则是世界领先的工厂自动化巨人，专注于制造工业传感器和机器视觉系统。这家企业极其低调，日本国内知晓其存在的都不多，以致绝大部分日本人都不知晓日本首富一直是基恩士创始人，而不是软银孙正义或是优衣库的老板。

日本的制造巨人们，都高度依赖日本以外的芯片产品供应。2021年以来，索尼和丰田都在不断下调产量预测，另一家日本巨头任天堂也加入了这一行列，该企业在2022年计划中削减了超过100万台游戏机产量。由于目前的芯片供应短缺，2021年全球汽车行业损失可能高达1100亿美元，这包括了日本庞大的汽车工业；2021年9月，丰田因为芯片短缺而减产40%。因此，长期稳定可持续的芯片供给，对丰田等日本汽车厂商至关重要。

4.3　日本半导体产业布局

4.3.1　争夺新大米

根据日本经济产业省的定义，半导体对于数字革命来说并不是工业革命时期的蒸汽机，而是"工业的大米，对所有行业都是必不可少的和不可替代的"。这个比喻突出了日本政府对半导体的高度重视，并且试图唤起日本国民和企业对国家生存的警醒。毕竟，每个人都需要大米才能生存。**直到今天，日本都是世界最高标准大米生产国之一，全体日本人都为日本大米自豪；日本政府把半导体比喻为工业的大米，其激发民族感情之意尽在不言中。**

如果把半导体比喻为大米，那么日本拥有全世界最多的稻田，只是这些庄稼地过于古老，其产出已经落后于当前人们的口味需要了。换言之，日本拥有世界上数量最多的半导体工厂，但大部分都是陈旧过时的，包括大量低端的、用途不大的历史遗留工厂。

从日本芯片工厂布局看，可以看到**日本半导体制造能力已经很难做到自主可控，可能会步新加坡的后尘**，即主要制造能力被其他国家和地区的实体收购。正如笔者前述，半导体制造强，则芯片工业恒强。当前的日本，境况不容乐观。

日本主要半导体工厂

序号	日本芯片制造工厂	状态	当前工艺节点	月产能	产品
1	鹿儿岛索尼工厂	1973 年建设	90 纳米		
2	大分东芝工厂	1970 年建设	90 纳米		
3	岩手东芝工厂	1984 年建设	130 纳米		
4	加贺东芝工厂	1986 年建设	350 纳米		功率
5	那柯瑞萨工厂	1985 年建设	40 纳米		
6	熊本川瑞萨工厂	1969 年建设	130 纳米		
7	茨城瑞萨工厂（与台积电合作）	与台积电合作	40/130 纳米	9.4 万片	SoC
8	筑后罗姆工厂	2020 年建设			功率
9	鱼津高塔工厂	1984 年建设 原属松下，以色列高塔收购后升级扩建	45/65 纳米	2.5 万片	传感器
10	新潟安森美工厂	原属三洋，美国安森美 2011 年收购	300 纳米	2.5 万片	模拟
11	会津德州仪器工厂	原属飞索，美国德州仪器 2010 年收购	130 纳米	4.5 万片	模拟

（续）

序号	日本芯片制造工厂	状态	当前工艺节点	月产能	产品
12	广岛美光工厂	原属尔必达，美国美光 2013 年收购	16 纳米	2.4 万片	DRAM
13	四日恺侠工厂	原属东芝，美国贝恩资本 2017 年收购	19 纳米	140 万片	NAND
14	三重台联电工厂	原属富士通，台联电 2019 年收购	40/90 纳米	7.2 万片	功率/传感器
15	会津安森美工厂	原属富士通，美国安森美 2014 年收购	150 纳米	2 万片	氮化镓
16	会津安森美工厂	原属富士通，美国安森美 2014 年收购	200 纳米	5 万片	模拟

数据来源：公开信息整理

日本当今在全球半导体生态中的战略定位为全球供应链中不可或缺的参与者：日本本身应该拥有阻塞点，以使自己免受不友好国家或地区的制衡。

日本认为，最重要的是拥有阻塞点，并继续强化现有优势。日本的半导体设备厂商、半导体材料厂商、芯片设计企业将与欧洲企业一样，并不旨在掌握半导体制造的尖端节点。东芝、富士通、日立、三菱等半导体骨干企业，将学习欧洲三大半导体企业（意法半导体、英飞凌、恩智浦），寻求在微控制器、传感器和功率半导体上继续确立全球领先的优势。

日本特别强调保持在功率半导体和传感器方面的高度竞争地位，这两个领域是最直接关系到日本汽车产业和庞大工业制造的"大米"。

笔者试图从全球半导体产品的应用场景来解读日本半导体产业的过去优势、今天优势和未来"大米"的落脚点。

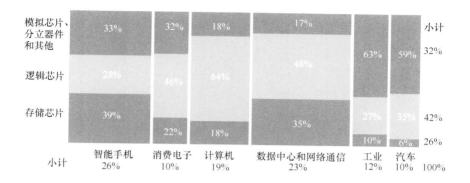

全球半导体按应用市场划分示意图（2019）

数据来源：Gartner，SIA

- 存储芯片

日本已经从 20 世纪 80 年代末约 60% 的份额到今天彻底消亡，彻底无缘目前占全球芯片 26% 的份额的存储芯片板块。

- 逻辑芯片

日本只有 MCU 这么一类产品，并且只集中在工业和汽车两大应用领域。工业和汽车加起来只占全球芯片 22% 的份额，日本在这 22% 的份额中争夺三分之一的逻辑芯片市场，全部占领了只有 7%。事实上，工业和汽车 MCU 也是欧洲的超级强项，因此日本能从工业和汽车 MCU 身上得到的全球芯片市场不会超过 3%。

- 模拟芯片、分立器件和其他

工业和汽车芯片需求约六成来自于"模拟芯片、分立器件和其他"；鉴于日本消费电子萎缩，工业和汽车是日本产业重中之重，因此"模拟芯片、分立器件和其他"成为日本必争的主战场。工业和汽车加起来占全球芯片 22% 的份额，日本在这 22% 的份额中争夺六成份额，即约 13% 的份额。模拟芯片是美国的强项，若日本能在这个方向上得到全球一半的份额，则日本能依靠该方向占有全球芯片市场约 6% 的份额。

4.3.2　政热民间冷

日本希望国际厂商能在日本生产更多的芯片，进而能保障对日本设备、材料、元器件的采购份额。这就是经济产业省与全球最大的芯片代工厂台积电就在日本设立合资工厂进行谈判的主要原因之一。当然，保持基本的芯片制造能力的代价将非常昂贵。日本如要确保其在全球半导体生产中 10% 的份额，将需要在未来 5～6 年至少投资 500 亿美元。

日本政府还在讨论，是否通过整合、补贴等途径，推动在半导体行业培养一两个"国家冠军"。日本政府也意识到，大部分半导体企业都处在亏损的边缘，因此还需要能够引领扭亏为盈的职业经理人。

政府非常着急，非常忙，但产业界呢？民众呢？

● 当一家日本企业决定退出半导体业务时，股市会欢呼雀跃。

● 2009 年至 2019 年期间，日本是所有国家或地区中芯片工厂关闭数量最多的，紧随其后的是北美。

● 东芝出售了其引以为豪的闪存业务。

● 索尼虽然仍然是图像传感器生产的领导者，但早在 2007 年就出售了其他半导体业务。

● 富士通此前已将其在三重县的旗舰工厂出售给了台联电。

- 松下则退出芯片生产，将富山县和新潟县的三家工厂出售给了新唐科技。

- 日本最大的芯片 IDM 企业瑞萨电子 2021 年宣布关闭两家传统工厂，此举将把其在日本的芯片制造工厂从最高峰时的 22 家减少到 7 家。瑞萨电子明确表示不考虑对产能进行重大投资，希望将资本最密集的生产部分外包给代工厂。

日本业内普遍认为，日本半导体企业在反复重组后，专业人员流失严重，产业人力资本已基本耗尽，人才团队重建必须从大学开始。**学生们也好，其他已就业人员也好，当了解到在过去 20 年半导体工程师不断被裁员，他们自然会避免将半导体相关工作作为事业。**

一朝被蛇咬，十年怕井绳。2000 年全球 IT 泡沫破灭时，日本半导体产业从此陷入萧条。当时日立裁员 2 万人，东芝裁员 1.8 万人，富士通裁员 1.64 万人。日立曾对半导体部门提出"希望 40 岁以上、科长职位以上的人员全部自行退休"的劝退公告。日本如果不能提振从业人员、拟从业人员的信心，让他们看到未来的愿景，还是只是停留在喊喊口号、上几个跨境大项目，肯定解决不了半导体产业的根本症结。

4.3.3 强项在走弱

日本知名产业评论家汤之上隆发现，直到 2012 年左右，日本一直在与美国争夺半导体设备市场 35% ~ 40% 的最大份额，但自 2013 年以来，日本在世界半导体的市场份额急剧下降。2021 年美国占比为 40.8%，日本为 25.5%，欧洲为 22.8%，韩国为 3.3%，中国为 0.4%。日本已被美国遥遥领先。

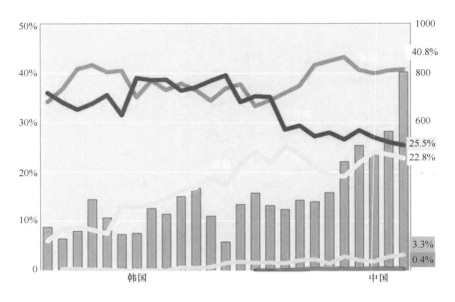

世界半导体的市场份额

数据来源：日本汤之上隆

　　2021 年日本在半导体市场占有率高的领域有镀膜机（91%）、热处理设备（95%）、单片清洗设备（61%）、批量清洗设备（91%）、掩模检测设备（44%）、长度测量 SEM（69%）等。这些领域，大半都达不到百亿美元级别。而在那些市场规模超过 100 亿美元的领域，日本的市场份额并不高。反过来可以说，欧美半导体设备企业在市场大的细分领域占据主导地位。譬如，荷兰 ASML 光刻机（所在市场 164 亿美元），美国泛林和美国应用材料干法刻蚀设备（所在市场 189 亿美元），美国应用材料和美国泛林 CVD 设备（所在市场约 100 亿美元），美国科天和美国应用材料光学检测设备（所在市场 104 亿美元）。

　　按此局面，**日本半导体设备厂商在擅长领域即使做到极限，**

也会面临在全球半导体设备市场进一步弱化甚至边缘化的窘境。唯有从欧美，特别是从美国半导体厂商手中虎口夺食才是唯一出路。

4.3.4　地缘博弈中的非理性

日本政府对日本半导体产业衰落原因的分析是清醒和直接的。在1986年的贸易谈判中，是美国政府逼迫日本半导体产业后退甚至自缚手脚：《日美半导体协议》施加了反倾销保证和20%的市场份额条款，在五年的时间内向外国生产商开放日本市场。

今天，在全球半导体产业扑朔迷离的博弈和竞争中，日本在考虑与美国建立一个"国家安全投资基金"，支持诸如索尼和英特尔联合开发光芯片的合作项目，鼓励国外投资者或其他国家和地区来投资日本企业、与日本半导体企业合作。

就笔者看来，日本这一思路存在着明显的非理性。姑且不论美国在三十多年前发动的两次美日半导体战争，今天美国与日本半导体竞争激烈程度更胜从前，包括半导体装备、模拟电路、滤波器等。而全球最大的市场在中国、对半导体最友好的资金在中国、与日本技术存在最大差距鸿沟的同行也在中国，日本选择近邻中国作为主要竞争对手，究竟是促进日本半导体产业的理性决策，抑或是其他因素在主导呢？

4.4　日本对外战略合作的出路问题

4.4.1　与最强者合作的窘境

美国正在积极推动硅谷与日本产业界进行更紧密的合作。

2022 年 1 月，美国总统和日本首相召开了线上峰会，双方承诺加强在技术、供应链和标准等领域的合作，深化大量新兴和基础技术领域的研发，包括生命科学和生物技术、人工智能、量子信息科学、民用空间、5G 通信和半导体。

双方都为硅谷成为美日合作起点而"欢欣鼓舞"。

代表性合作之一：

日本全球建筑设备制造商小松（Komatsu）与美国硅谷某无人机数据企业合作，获得了快速创建建筑工地 3D 地图的能力，将现场勘测所需时间从多人两周减少到单人几小时。在此基础上，日本小松与硅谷芯片巨头英伟达合作，进一步将勘测时间缩短到不到半小时。

在这种合作模式下，日本企业获得了硅谷技术，硅谷科技企业则获得了快速扩大运营规模和增强迭代能力的机会。

同时，这种合作模式，**日本产业界实质性放弃了包括芯片、大数据算法在内的产业上游技术的升级改造，而完全依赖于美国硅谷**。

代表性合作之二：

2010 年云计算平台的出现是日本自身创业生态系统的变革时刻。日本产业界非常感激美国的科技提供商，帮助日本科技企业不再需要筹集资金来投资建设数据中心和软件解决方案，以应对快速增长。相应地，他们可以简单地使用美国亚马逊提供的虚拟服务器，根据自身需求轻松扩展服务器。

日本企业相信，全球规模的云计算平台可以为大企业提供看似无限的处理能力与存储和网络服务，并且价格比建立自己的数据中心低得多。虽然有消费者数据隐私的一些法规限制，但日本企业计算基础设施的主要部分已经建立在美国云平台提供商提供的计算基础设施之上。

在这个合作模式下，**一国科技创新企业的数据中心都建立在另外一个国家提供服务的基础之上时，经济上将完全失去独立性。**

代表性合作之三：

日本企业开始向硅谷风险投资基金投入资金，并成立了自己的风险投资企业。这些企业寻求投资有前途的硅谷初创企业，但通常不仅仅是为了获得财务回报，也渴望战略利益，即通过建立早期合作伙伴关系，今后能优先采购其芯片用于增强日本制造企业的全球竞争力。

在这个合作模式下，**日本放弃了芯片设计的想法，而是高度依赖硅谷的芯片产品来满足日本国内市场的需求。**

代表性合作之四：

日本丰田汽车在加利福尼亚州帕洛阿尔托成立了研究机构，吸引了来自谷歌和其他硅谷企业300多名工程师，专注于机器人和人工智能方面。丰田还在硅谷收购了一家自动驾驶汽车企业，这家自动驾驶汽车企业距离特斯拉位于硅谷中心地带的主要办公室仅几分钟路程，将使丰田能够深入自动驾驶技术的前沿。

4.4.2 夹在美国创新和亚洲制造中间

美日半导体战争后，日本非常努力地想打个翻身仗，希望夺回全球半导体产业的技术领先地位，并且在研发计划上不断向美国发起挑战。现在历史已经证明，日本一直没有取得实质性的进展，特别是在广袤的半导体产品市场上。

日本单独组团的时代已经过去。

　　日本最成功的半导体科技攻关工程是 20 世纪 70 年代的"超大规模集成电路（VLSI）计划"。90 年代后，特别是 21 世纪初，日本多次采用"官产学"协同模式，意图重登新半导体技术高峰，包括但不限于：

　　● 半导体未来计划（MIRAI，2001—2007），由日本经济产业省与 24 家半导体大厂就 45 纳米工艺半导体技术进行研发。

　　● 半导体飞鸟计划（ASUKA，2001—2006），由富士通、东芝等 12 家日本半导体大厂联手，以 65 纳米工艺为共同研究目标。

　　● SoC 基础技术开发计划（ASPLA），以新一代半导体标准工艺开发及试制生产线运营为目的。

　　● 半导体尖端技术计划（SELETE，2007—2011），由富士通、NEC 电子、瑞萨和东芝主导，是飞鸟计划的延续，目标是探索 45 纳米和 32 纳米工艺。

　　从日本每一项计划的启动时间看，日本都是紧追世界半导体最新潮流。但最终结果，大半还是"起了个大早，没赶上晚集"。半导体尖端技术计划是最典型的例证，2007 年是英特尔 45 纳米工艺投产第一年，日本跟进仍算及时。但今天看，日本的先进工艺布局并没有取得骄人的产业成效，可谓"没赶上晚集"。

　　究其原因，笔者以为 21 世纪初与 VLSI 计划时的 1976 年相比，**日本已经不再具备自己内部组团玩转半导体的能力和环境。**

　　● 没有市场优势

　　1976 年，日本是全球数一数二的半导体市场。21 世纪初美国市场、中国市场，已经显著高于日本市场。

　　● 没有基础研究优势

　　硅谷是美国独家产物，1976 年日本由硅谷半导体企业源源不断地通过合资合作输送原创技术。21世纪初，美国已经收紧了硅谷向全世界输送技术的口子，日本在半导体基础技术方面，相对美国差距持续拉大。

- 没有模式优势

全世界都走上了朝气蓬勃的Foundry/Fabless轨道，日本在21世纪初仍在IDMP上执着前行。

- 没有资金优势

21世纪初，特别是近十年，最有资金实力，特别是半导体领域投资资金最充裕的是中国。即使相对号称最市场化的美国，日本政府投在半导体产业的资金也已弱于美国，且完全不在一个数量级。这从美国、日本在2021年以来的政府预算可以看出，美国是500亿美元的预算支出，日本则是5亿美元（500亿日元）级别。

内部组团不可取，那就找外部伙伴去。

笔者以为，一方如果选择合作伙伴，有两种情形是可取的。

其一：自己能主导的合作。

美国在全世界发起的各种联盟就属于这一类，美国在每一个联盟里都有主导权。这类合作发起的目的，大半也是完成发起人的目标，其次才是满足参与人的诉求。

其二：各方有极强互补的合作。

东盟是这一类里的代表；市场经济中绝大部分的双方或多方之间的业务合作，也是属于这一类。

还有一种合作，自己完全不能主导，并且还跟联盟发起人有极大的业务重叠或利益冲突。这一类，常理看来那一定是避之不及。但如果发起人足够强势，卡住了参与人的七寸，参与人也只

能捏住鼻子参加，并且还得大声地喊一声好。典型的例子是《广场协议》。1985 年，由美国发起，日本、联邦德国、法国以及英国在纽约广场饭店举行会议并签署协议，五国联合干预外汇市场，唯一的目标就是解决美国巨额贸易赤字问题。

日本如果选择与中国战略合作，显然是日本看中中国的庞大市场和中方伙伴的充裕资金，中国看中日方沉淀时间更长的成熟半导体技术和产品。这是第二类合作，双方互补极强。

日本如果选择与美国战略合作，显然是日本看中美国硅谷的原创技术与先进设计和制造工艺，美国看中日本的市场和设备材料能力。问题是，**今天没有一家美国企业愿意在日本建设先进工艺工厂，20 世纪 50 年代到 70 年代的技术输送机制已经不再存在。那么日本从美国还能得到什么呢**？这是参与人主动迎合上去的第三类合作吗？

日本究竟要什么。

全球咨询巨头美国贝恩曾评论今天的日本："像日本这样的国家首先需要澄清他们的目标：你是想开发自己仍未掌握的尖端技术，还是希望为已经熟练掌握的老一代技术占领足够多的市场容量，以确保日本在芯片广泛应用中的统治力，譬如工业、汽车、家电等领域。开发自己的尖端技术非常困难，而且非常昂贵，只有台积电、三星和英特尔等规模庞大且技术先进的企业才能做到这一点。"

笔者非常喜欢《三体》中"降维打击""降维生存"两个表述。

今天的日本，如果与美国战略合作，日本是低维度、美国是高维度。美国是乐于合作的，高维度与低维度的交流属于俯瞰碾压；高维度没有压力，可以非常顺畅地从低维度汲取资源，并且也关闭了 20 世纪任由处于半导体低维度的日本从高维度的美国获取先进技术的通道和机制。**低维度也有自己的计算，总是希望从高维度得到其凌驾于自己维度之上的 Know How，希望有朝一日也能拔高自己的维度，进到高维度阵营。日本在 60 年前成功过，可惜今天美国提防之心颇强，环境不再。**

今天的日本，如果与中国合作，两国差不多是同一维度，各有千秋。中国之市场、资金，其实能助日本拉近与高维度美国之距离，助其更早进入高维度。然而，日本顾虑中国学习其经验，比它更早上升到更高维度去。不患贫，患不均？

日本夹在美国创新和亚洲制造业之间，何去何从方向显然，但却不好选择，因为第三类合作方式，参与者并无自主选择权。

20 世纪 90 年代，日本半导体产业被迫降维生存。

今天，日本还不得不与美国合作寻求被"降维打击"？

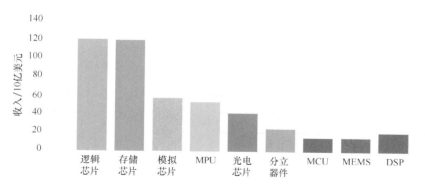

2020 年全球半导体产品收入按产品类型分布示意图

数据来源：美国半导体产业协会

2020 年全球半导体产品收入 4400 亿美元，其中逻辑芯片、存储芯片、模拟芯片、MPU 四大类相加占有 78% 的份额。今天的日本，只能在分立器件、MCU、MEMS等小众市场参与竞争。

日本如果与美国战略合作，一方面，美国不可能允许日本进入美国的自留地，特别是逻辑芯片、模拟芯片两大领域，而存储芯片由韩国和美国瓜分，日本再也回不去存储芯片这个昔日独占鳌头的领域。另一方面，日本也不具备进入存储芯片领域所需的连续多年滚动投入的巨量资本。

日本如果与中国战略合作，一方面，逻辑芯片、存储芯片、模拟芯片大类中国和日本一样，都处于相对空白，没有竞争抵触，只有合作共进。另一方面，中方的资金实力和资本市场追捧，日方沉淀多年的经验和沉寂许久的雄心，是极好的组合。

4.4.3　拥抱最大市场的诱惑

2019年，日本为什么敢于直接制裁韩国半导体产业？

韩国是半导体制造大国，三星和海力士均位列全球前五大芯片制造商，是半导体设备和材料的超级客户。日本对韩国进行半导体材料禁运，相当于狠狠地得罪了自己的大客户。

从常理推断，日本如此操作，背后应有考虑到中国市场的因素。日本清楚地看到，中国芯片制造蓬勃发展，新兴项目众多，未来大概率会成为全球半导体市场需求最大的区域。换而言之，日本半导体设备和材料的未来市场在中国，不在美国，更不在韩国。由于美国对中国部分高科技企业的压制，中国将发展半导体产业的重要性提升到了历史新高，日本政府和半导体产业从中看到了无限的商机。

从半导体产品市场看，中国连续多年位列全球半导体最大市场。**对日本企业而言，功率器件有欧洲、美国的强力竞争，传感**

器有欧洲的强力竞争，模拟芯片则远不如美国同行。如何在中国市场获取最大利益，这是整个日本半导体产业界需要认真思考和理性决策的问题。

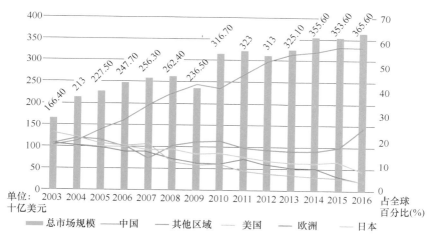

2003—2016年全球半导体市场变迁示意图

数据来源：普华永道2017年公开报告

一方面，中国市场在以惊人的速度壮大。

2003年，中国GDP规模为1.41万亿美元，只有日本4.28万亿美元的三分之一；2020年，中国GDP规模为14.72万亿美元，是日本5.06万亿美元的接近3倍。

2003年，中国人均GDP刚刚达到1000美元，只有日本的三十分之一左右；2020年，中国人均GDP为1.13万美元，达到了日本的四分之一水平。

另一方面，**全球半导体市场的激烈竞争在持续威胁着日本剩余的市场份额，但侵蚀日本半导体产业的却不是中国企业。**随着各地区在本地发展自己的供应链，日本半导体产业仍然拥有全球竞争力的各个方向上，半导体设备重心可能向美国倾斜，半导体材料向中国台湾地区倾斜，模拟芯片进一步向美国集聚，功率器件被欧洲三巨头进一步垄断。所有这些，都在缓慢而有力地掏空日本半导体产业。

就中国半导体产业而言，两种观点正互相争锋：

一种声音是：另起炉灶，全产业链自己干。

另一种声音是：充分协同，不能"狭隘地"自己闭门造车。

笔者赞同如任正非先生 2019 年接受采访时的表述："我们永远需要美国芯片。美国企业现在履行责任去华盛顿申请审批，如果审批通过，我们还是要购买它，或者卖给它（不光买也要卖，使它更先进）。因此，我们不会排斥美国，狭隘地自我成长，还是要共同成长。"回顾包括日本半导体产业在内的成功追赶者，都是遵循科技产业发展的自然规律，顺"势"而为。这个"势"，就是站在全球分工、技术合作的基础上，敏锐抓住产业周期或新市场机会。

日本半导体产业界应该能敏锐地把握住中国成为全球半导体最大市场的机会，在半导体原材料、设备以及功率器件、传感器、模拟芯片等领域与中国开展深度的合作。毕竟这个合作，意味着拥有：

- 全球最大半导体市场。
- 全球对半导体最友好的资本市场。
- 全球半导体投入最充裕的资金池。
- 全球最多的半导体人才供给。

今天，中国和美国是世界上最大的两个半导体市场，美国在数据中心和网络通信上需求量最大，谷歌、META、亚马逊等都是超级数据中心拥有者，而中国是智能手机、消费电子、汽车制造和工业制造的世界第一大户。让我们回顾一下本书前述"4.3.1节争夺新大米"中的全球半导体按应用市场划分示意图，**日本半导体产业强项在美国数据中心和网络通信市场几乎没有用武之地，但却是中国智能手机、消费电子、汽车制造和工业制造市场的重大需求项。**

　　Gartner 统计表明，2021 年全球芯片十大采购商中，中国占据了 5 名。其中，由于美国政府的限制，华为芯片采购量大幅下滑，从 2020 年的第三位跌到了 2021 年的第七位。步步高、小米等其他中国智能手机 OEM 大幅增长了半导体支出，弥补了市场份额的损失，替代华为在智能手机市场的排名。中国客户采购的主要构成内容，正是日本半导体企业的强项所在。

2021 年全球十大半导体采购商

排名	芯片采购商	国家	2021 年支出／百万美元	2021 年支出占全球产值比重
1	苹果	美国	68269	11.70%
2	三星	韩国	45775	7.80%
3	联想	中国	25283	4.30%
4	步步高	中国	23350	4.00%
5	戴尔	美国	21092	3.60%
6	小米	中国	17251	3.00%
7	华为	中国	15382	2.60%
8	惠普	美国	13789	2.40%
9	鸿海	中国	8855	1.50%
10	惠普企业公司	美国	6736	1.20%
合计			245782	42.10%

数据来源：Gartner

4.4.4　40 年轮回兑现的关键

日本近现代史"历史侦探"作家半藤一利，是一位敢于挑战传统的革新家。大部分人都听过"历史都是由胜利者书写的"这句话，甚至可能对其也深以为然。在日本，对"明治维新"的传统理解都是站在胜利方明治政府立场上的。半藤一利的故乡是日本明治维新的受伤害者，他通过《幕末史》一书，勇敢地站在失败者的角度反思明治维新的历史影响。出乎意料的是，这部"由失败者书写的历史"在日本广受欢迎，是教科书之外"明治维新"推荐读物的首选。他传达着一个理念：我们不仅要研究成功者的历史，同样也要为那些失败者发声。

毫无疑问，日本这个国家在过去 150 年里，既取得了巨大的成功，也有惨淡的失败。半藤一利在其《昭和史》中，较为理性地对日本近现代史进行了阶段划分，并提出著名的日本国运"四十年周期理论"，即日本国运有一个"四十年兴，四十年衰"的轮回。

1865—1905，日本崛起

从 1865 年明治维新起，到 1905 年赢下日俄战争止，日本从封建落后国家一步跃升为世界列强，为第一个上升期。

明治维新之前，处于德川幕府统治之下的日本仍以"大清帝国"为师，学习当时的清朝推行"锁国政策"，禁止外国工商士人、传教士等进入日本。亚洲在欧美侵略者的眼里俨然是一块待瓜分的肥肉，外交敲不开日本的门，西方殖民者便选择动用武力。

"慕强"情结是被镌刻在日本民族基因之中最显著的基因。面对西方列强的侵略，日本人除了怨恨，以一种不可思议的速度转

变了态度，迅速刮起了学习欧美之风。 近四十年间，政治上大幅革新，文化上，大量翻译西方书籍，大兴教育，九所"帝国大学"即源于明治维新时期的教育改革。军事上借鉴德国，大胆革新训练模式。

如此林林总总，取得了十分显著的成效。明治维新后的二十余年间，日本不仅废除了此前与西方列强签订的不平等条约，并且也走上了扩张之路，跻身列强之列。

1905—1945，日本衰落

从 1905 年到 1945 年二战结束，日本一步步滑入军国主义深渊，最终战败，为第一个衰落期。

1945—1985，日本再崛起

从 1945 年到 1985 年签订广场协议，日本由战败国迈入发达国家行列，为第二个上升期。

20 世纪 50 年代后期至 1972 年，日本经济完全恢复，先后出现了三次经济发展高潮。这段时期，是日本的经济高速发展阶段。1985 年更是在半导体产业上超越美国。

1985—，日本再衰落

从 1985 年至今，日本一蹶不振，为第二个衰落期。

按照半藤一利的理论，日本将在 2025 年开始第三次崛起。如果这个理论兑现，那么它会在哪里应验呢？

第一个四十年，日本痛定思痛，成为亚洲融入现代社会的表率。

第二个四十年，日本盲目自大，沦为美国树立全球霸权的棋子。

第三个四十年，日本背靠美国，全心发展经济。

第四个四十年，日本再次盲目自大，并被美国牢牢看住。

第五个四十年，日本再崛起的契机在哪里？

从内部求索，日本正在寻求在其国内建设 2 纳米半导体制造基地，加入下一代芯片技术商业化的竞赛。

从外部求索，除了拥抱中国这个全球半壁市场，还有其他选择吗？

4.5 予中国之借鉴

4.5.1 自醒，不做温水自得的青蛙

温水煮青蛙，是 19 世纪末美国科学家霍奇森教授做过的一个实验，其结论是量变会引起质变，数量积累到一定的程度会导致本质的变化。寓意是大环境的改变能决定你的成功与失败，太舒适的环境往往蕴含着危险，在优越的环境中也要随时保持警惕。

霍奇森教授选定的加热速率约为每分钟 1.1 摄氏度。他发现温度保持匀速缓慢提高的话，青蛙会被烫伤直至死亡。但如果突然提高温度，青蛙就会开始躁动不安，试图逃离这个环境，竭尽全力地跳出来。

如果把曾经的半导体自由贸易看作是暖洋洋的水，那么我国庞大的电子制造业曾经有好些年就是水里"幸福"荡漾的青蛙。

笔者以为，青蛙从温水里跳出来获得自由和新生，有三种不同的类型，也对应着三种不同的环境和境界。

境界之一：自我清醒，悄然布局。

华为 1987 年成立，1991 年设立器件室，从事印制电路板

（PCB）设计和芯片设计。1993年，华为成功开发了自己的第一颗ASIC芯片，成功地实现了数字交换机的核心功能——无阻塞时隙交换功能；芯片代码"SD509"，S代表"半导体（semiconductor）"，D代表"数字芯片"。后来还有了模拟芯片"SA"系列，厚膜电路"SH"系列。自此，华为组建"中央研究院"，其下设基础业务部，专门面向通信系统开发芯片，任正非先生称之为"为主航道保驾护航"。

华为2003年销售收入超过1000亿元人民币，2004年拥有GSM、WCDMA、cdma2000和TD-SCDMA的全套解决方案。在这一年，华为成立了全资子公司海思半导体，华为人称之为"小海思"。华为内部系统芯片研发平台，华为人称之为"大海思"。

小海思成长极为迅猛，只用了15年时间，就形成了对全球手机芯片霸主美国高通的直接竞争威胁。

2020年一季度中国智能手机用SoC来源排名

排名	2020Q1	份额	2019Q4	份额	2019Q1	份额
1	海思	43.9%	高通	37.8%	高通	48.1%
2	高通	32.8%	海思	36.5%	海思	24.3%
3	联发科	13.1%	联发科	14.0%	联发科	19.0%
4	苹果	8.5%	苹果	11.1%	苹果	8.4%
	其他	1.7%	其他	0.7%	其他	0.2%

数据来源：CINNO Research

纵观华为的历次决策，从1991年设立器件室为自己的通信设备设计芯片，到1993年建立中央研究院，到2004年专门组建独立芯片企业海思半导体，都是非常清醒、自主的，并非来自外部的巨大压力。此所谓自我清醒，悄然布局。

境界之二：别人榜样，触目惊醒。

这么多年，1978 年到 2015 年这近 40 年，我们很难找到被别人经验给深深触动而惊醒的案例。这是很奇怪的现象，但确实是事实。

【案例 1】如本书前述，1978 年中国科学家代表团访问日本，广泛调研日本砷化镓、氮化镓乃至碳化硅材料及相关工艺、设备进展，日本被访企业坦言他们正在学习美国的化合物半导体技术，并在工艺和设备上取得了突破。之后，中国的科技产业体系并没有系统地、全面地、广泛地跟进化合物半导体，以致 40 多年来在化合物半导体产品、材料和设备等方面成果平平，与美国、日本差距很大。

【案例 2】日本 1976 年实施的超大规模集成电路计划，发动日本最强大的半导体企业、研究院所一起参与半导体技术联合攻关，历经 4 年攻关，带动了日本光刻机、材料、集成电路制造工艺、封装工艺的发展，其在日本半导体产业带动之效益，堪比中国"两弹一星"工程于中国国家安全之意义。惭愧的是，**咱们作为联合攻关的成功先行者，并没有从日本超大规模集成电路计划（1976—1980）经验中得到真正的启发，并未更多地集中实施中国集成电路联合攻关大型工程。**

境界之三：别人敲打，大梦惊醒。

我们都对美国前总统特朗普感到愤怒。是他，一上台就先后发起对中兴通讯、华为的极限打压，这个敲打从 2016 年开始。

但作为半导体人，我们都应该"感激"特朗普。是他，让中国人蓦然惊醒，一夜之间发现中国庞大的电子信息制造业，无论是消费电子，还是家电、工业、汽车等，都是建立在进口芯片的散沙地基上，随时可能因为美国的芯片禁运而成为水中月。

2016 年以来的这些年，是中国半导体人最扬眉吐气的时刻，原先青睐进口芯片质量高、品牌响等优势而对国内芯片几无观感的客户们，开始主动接洽国内芯片创业企业，从二供（第二供应商，即主替补供应商）做起；没能力做二供的话，可以从五供（第五供应商，指不起眼的龙套供应商）开始培育。

这是中国芯片企业的真正春天。

这个春天，是美国敲打敲来的。

4.5.2 超车，需要基础研究四杀器

关于半导体基础研究，日本没有留下多少经验，更多的是教训；难得的基础研究大突破（发明闪存）还没被日本重视。值得学习的是美国，日本基础研究可以作为反面教材来看。

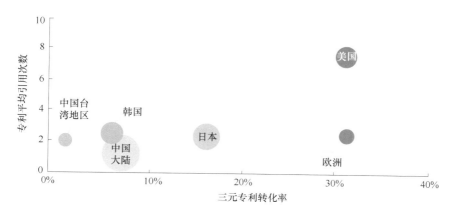

主要半导体国家和地区专利质量示意图（2010—2019）

资料来源：经合组织专利数据库等

　　上图中，三元专利是指在世界三大市场（美国、欧洲和日本）申请的专利，通常被认为涵盖更高价值的发明，对应着中国企业视角中的国际专利。三元专利转化率，指的是本地区所申请的半导体专利，有多少比例同时在这三大市场申请。我们可以通过半导体发明专利的特征，对全球半导体主要国家和地区的基础研究进行一番分析：

　　● 中国大陆每年提交的半导体学术研究论文和专利总数位居全球第一，并且遥遥领先于其他国家和地区。这反映出我们一直在致力于半导体技术的研发投入，集聚了全世界最大量的人才资源、最充裕的资金资源和最聚焦的政策资源。

　　● 中国大陆的半导体专利被引用数最少，平均被引用次数在1左右，仅为中国台湾地区的一半，美国的八分之一。这表明中国大陆半导体专利偏基础性发明的比例较低，全球学者缺乏引用的必要性。这意味着这些**在数量上完全碾压全球其他国家和地区的中国大陆半导体专利池，大半是侧重产品应用发明，或是为政策申报、评奖、融资而申请的"无效"专利。**

　　● 中国大陆的三元专利转化率低于10%，中国台湾地区只有3%左右，日本、韩国也远低于美国和欧洲。这表明东亚地区半导体发明专利对同时进入美国、欧洲和日本没有太大兴趣，特别是欧洲市场，可能对东亚半导体企业缺乏足够吸引力。

　　● 美国半导体专利数量较少，略低于韩国和日本，远少于中国大陆，但美国半导体专利引用率接近8次，是中国大陆的8倍，这说明**美国专利在半导体行业具有原创性和开拓性，代表了行业的领先水平，其他同行企业和研究机构无法规避，这是美国半导体基础研究实力仍然强大的一个明显证据。**美国和欧洲三元专利转化率都超过 30%，说明这两个区域的半导体企业，都着眼于美国、欧洲、日本等全球市场。

可见，中国大陆与美国在半导体基础研究上差距不小。

解铃还须系铃人，要想超越半导体强国，还需要从半导体发源地取经。2017 年 6 月，美国国防部高级研究计划局（DARPA）微系统技术办公室宣布推出新的电子复兴计划（Electronics Resurgence Initiative，ERI）。美国电子复兴计划的主要目的，是担心半导体技术越朝向发展，摩尔定律越有失效的危险。电子复兴计划，某种意义上就是现实版本的"拯救半导体大兵摩尔"。摩尔定律驰骋全球半导体战场 50 余年了，今天遇到了能否继续生存下去的"生命危险"。而美国是一等大兵摩尔的娘家和大本营，责无旁贷地要联合台积电、三星、ASML 这些强大外援，团结美国国内一切可以团结的大学、研究所、企业、国防力量，一起拯救"大兵"摩尔。

摩尔当年还真的留下了锦囊。这个锦囊，就是美国电子复兴计划反复强调的"Page 3"。摩尔在 1965 年初上半导体战场时，发表了《让集成电路填满更多元件》（Cramming More Components onto Integrated Circuits）的宣言。在这个宣言的第 1 页、第 2 页，阐述了被半导体世界广泛推崇的"摩尔定律"，即"当价格不变时，集成电路上可容纳的元器件的数目，每隔 18～24 个月便会增加一倍，性能也将提升一倍。"如果说机器人学三定律可能会引导未来 500 年的话，摩尔定律则已经指导了过去至少 50 年。俗话说得好，Cash is King，所以笔者认为摩尔还是要比科幻作家阿西莫夫厉害许多。在摩尔宣言的第 3 页，"大兵"摩尔早在 50 多年前，就阐述了一旦情况紧急时后辈拯救他的突围路线：①优化芯片架构；②优化芯片设计；③改用更合适的材料；④高度集成。

2016 年，美国半导体产业协会（SIA）会同美国半导体研究联盟（SRC）一起组织全球科学家对未来半导体的发展方向进行了深度探讨，形成了芯片从基础阶段到应用的八层架构。其中，构成底层的 4 层与摩尔 1965 年提出的 4 条突围路线有异曲同工之妙。

科学家对半导体层级划分

资料来源：美国半导体产业协会

解救摩尔是全球的挑战，也是所有参与者包括中国的机遇。摩尔的全部突围之路，也即是中国作为半导体追赶国家赶超欧美的主攻方向。对中国具体启发包括：

1. 材料

现在业内最热的是碳化硅等化合物半导体材料，其在功率器件上有很好的性能表现，但并非替代硅基的合适材料。

世界范围内的科学家普遍在探索"超CMOS"（beyond-CMOS）材料和器件。美国微纳电子研究中心（NRI）专注于陡坡低功耗晶体管，自旋电子材料和器件，2D材料（如石墨烯和二维过渡金属硫化物）和器件，以及多铁性材料和器件。欧洲微电子研究中心（IMEC）在研究一系列陡坡器件（如隧道场效应晶体管），自旋电子器件，以及RRAM（阻变式存储器）和STTRAM（自旋转移力矩随机存取存储器）。日本产业技术综合研究所（AIST）的电子部则在探索纳米电子学、光子学、先进制造、自旋电子学、柔性电子学，以及无处不在的MEMS和微制造技术等，其化学部则在研究纳米材料、碳纳米管应用、先进功能材料的计算设计等。

2. 基础架构

探讨中的新型芯片架构必须向前看，以适应新兴的器件技术、新材料、新的制造方案以及新的应用驱动需求，可能会实现多值逻辑（如模拟和量子计算）与信号权重和收敛（如神经网络和神经形态计算）。

在研究新型基础架构时，需要考虑使用新型金属和复合材料，替代现有的金属（Cu）；需要考虑金属通孔以外的底层之间的新型互连（如光互连、等离子体互连、基于自旋的互连）。

3. 设计

从更高效能的EDA工具入手，智能设计（IDEA）是一个突围方向。目标是创建一个布线图智能生成器，使没有电子设计专业知识的用户能够在24小时内完成电子硬件的物理设计，覆盖混合信号集成电路、系统级封装和印制电路板等全领域。从整个芯片设计周期看，目标将从零开始数年内完成一个产品推向市场的当前周期，缩短为数月以内。

在 2018 年 8 月的中国（深圳）集成电路峰会上，美国锴登（Cadence）曾介绍其是美国电子复兴计划第一批入选项目的最大的承担者。这表明，要革命性地提升芯片性能，设计工具可能是最佳的切入口。

4. 集成

美国计划通过三维单片片上系统（3D SoC）计划，开发 3D 单片技术，使 SoC 的性能提高 50 倍。2022 年 3 月，英特尔、AMD、ARM、高通、台积电、三星、日月光、谷歌、META、微软等十大巨头成立了 Chiplet 标准联盟，旨在定义一个开放的、可互操作的标准，用于将多个硅芯片（或芯粒）通过先进封装的形式组合到一起。这对中国意义非凡，目前在部分先进设备被封锁的情况下，工艺节点被限制，采用类似先进封装方式进行性能快速提升是较可行的方案。

同时，我们也要把握芯片制造业追赶的机会。在美国电子复兴计划第一批入选项目中，一项称为"利用致密细粒度的单片三维集成技术彻底改革计算系统"的项目雄心勃勃：团队计划利用单片三维集成系统，使传统工艺（90 纳米级别）所制造的芯片能与目前最先进技术所制造的芯片相媲美。若如此，我们大量 12 英寸 45～90 纳米的存量生产线，也将有与台积电 10～16 纳米工艺生产线的一战之力。

4.5.3　开放，顺应潮流合作中前行

中国是半导体开放合作的受益者。

2019 年全球半导体贸易额达到 1.7 万亿美元；统计口径包括

了海关编码 8542（集成电路）和海关编码 8541（半导体分立器件）项下全部产品，未包括半导体设备和材料。这个半导体贸易额，是 2019 年全球半导体收入规模的四倍多，表明半导体设计和制造涉及的跨境交易规模巨大。

事实上，半导体是全球第四大贸易产品，仅次于原油、汽车和零部件、成品油。超过 120 个不同的国家和地区（超过 60% 的世界国家和地区）作为半导体产品的出口国和地区或进口国和地区参与其中。尽管中国在半导体设计和制造领域的份额仍然相对较低，但中国在电子设备制造和组装方面的卓越地位使其成为半导体贸易的中心枢纽。

半导体贸易流动的规模和构成很好地说明了供应链的全球性质与国家和地区之间的相互依存关系，特别展现了中国大陆在全球半导体贸易中独一无二的重要地位。

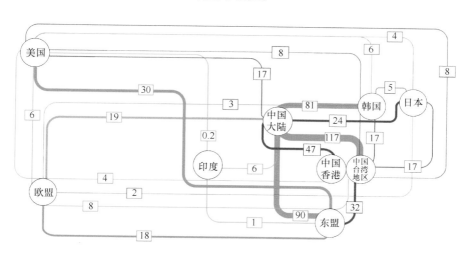

2019 年半导体全球贸易示意图（单位：10 亿美元）

资料来源：波士顿咨询，IHS Markit，美国海关公开数据

上图线条粗细代表着半导体贸易额大小，连线上的数字为年度贸易额，单位为10亿美元。连线颜色表示连线双方的年度贸易增长情况，蓝色代表年增长超过10%，绿色代表年增长5%~10%，黑色代表年增长0~5%，橙色代表负增长。可以看到：

● 中国大陆是全球半导体贸易前三大交易的交易方，分别是中国大陆与中国台湾地区的1170亿美元、中国大陆与东盟的900亿美元、中国大陆与韩国的810亿美元。

● 日本、欧盟、印度的线条相对较细，这与其半导体产品规模相对较小有关。

● 东盟与美国、日本贸易额有较大的规模，且远超过东盟自身半导体产业的体量，应是贸易中转国。

● 中国大陆与大部分贸易伙伴半导体交易大幅增长，特别是与欧盟、东盟、中国台湾地区、韩国。而日本与美国、日本与欧盟、欧盟与韩国这几个发达国家和地区之间半导体贸易额有所下滑。

高度差异化发展为中国寻找合作伙伴奠定基础。

半导体产业经过70余年的发展，已经发展出一个按地理位置分化，且相对优势明显的差异化格局，直接导致了一个更加集中和相互依存的全球半导体产业链。在整个产业链中，至少在50个不同细分方向或产品上，单个地区就占到全球该细分领域或产品总供应量的65%或更多。换而言之，没有一个国家或地区能够控制整个产业链。

主要国家和地区与半导体主要环节强项对应

	EDA 和 IP 工具	芯片设计	芯片制造	封装测试	设备	材料
美国	80% EDA	CPU + GPU + FPGA + DSP	部分先进工艺		23 类	
中国大陆			部分传统工艺	部分中端		
中国台湾地区			大量先进工艺	大量高端		大硅片
韩国		80% DRAM	80% 存储工艺			
日本					12 类	大硅片 + 光掩模
欧盟	20% EDA + 90% IP				3 类	电子特种气体 + 大硅片

数据来源：Gartner，世界半导体行业协会

同质化，必然意味着激烈而残酷的竞争；差异化，则意味着互补和合作。半导体产业是充分地理位置差异化、地区优势差异化的行业，对中国来说，完全可以将各个主要国家和地区的相对优势，与中国庞大的市场基础相结合，找准合作伙伴，谈妥合作内容。

第 5 章

中日半导体合作展望

一衣带水，芯芯相连

5.1 东亚产业文化的共性

日本在二战后取得了巨大发展，在多个产业领域超越了美国这一世界第一强国和大国。中国从 1978 年以来，致力于经济发展和改革开放，也取得了骄人的成绩。仔细比较，中国和日本两国在经济发展底蕴上，有着惊人的相似之处。韩国也是类似情况，笔者认为如下特征是东亚文化，特别是东亚三国的共性所在。

5.1.1 战略规划能力

日本人喜欢做计划，日本政府也倾向于统筹各财团和经济体。

中国也习惯在每个涉及产业发展的重大事项上做长期的思考，尽可能系统地设置一些衡量目标的指标，然后在重大事项所在体系内真正地实施。有些体现为三年行动计划，有些体现为五年规划，还有一些是长达十五年甚至更长时间的中长期规划。2015 年，中国宣布实施"中国制造 2025"，引发全球发达国家和地区的广泛关注。2017 年，中国宣布计划到 2030 年成为人工智能领域的世界领先者，西方媒体的反应也很激烈。**以美国为首的西方世界不太理解东亚"强政府"文化，经常把这些计划看作是新发现的天大秘密，但其实并无秘密可言。**无论是日本、中国还是韩国，过去数十年、今后数十年，都有做战略规划的习惯，并且会统筹国家资源来实现这些目标，这是西方世界所难以理解的。

相对应地，美国似乎没有能力制定超过四年以上的产业行动计划，事实上美国也很少制定这样的计划。由于选举周期和无休止的政治纷争，他们可能更擅长于短期思维。而与之对应地，**中国和日本虽然都不相信传统的计划经济是解决方案，但又确信国家能够而且应该塑造和引导经济特别是高科技的未来。**

中国和日本的相关计划都能够调动大量资源，都能够明确规定未来 5 年、10 年、20 年的发展目标。这种倾向于长期目标的政府行为，很难得到以美国为代表的西方世界的共鸣。

5.1.2 超强应用能力

日本半导体发展的历史，就是日本运用美国半导体基础专利和工艺、完美地消化吸收再创新，并在产业化速度和规模上超越美国取得巨大成功的历史，这是一种典型的"采用＋适应＋提升"模式。

中国在过去数十年也在应用西方世界发明方面取得了巨大成功，这个特长类似于日本。例如，美国发明了互联网、电子商务、基因编辑、手机和人工智能，但中国在更大的规模和更快的速度上部署了所有这些。在过去的二十年里，中国非常擅长利用西方的创造发明，我们几乎在每一个领域都证明了自己大规模应用新技术的能力，譬如使用手机支付在美国仍然很少见时，在中国已司空见惯，基本实现做到了无现金出行。直到今天，这在西方发达国家仍然是无法想象的。

超强应用能力是非常正面的现象。对于中国这样一个拥有 14 亿人口的大型经济体而言，真正的创新可能是相对温和的，可以体现为利用深度学习构建更好的智能城市系统，体现为建造比日本和德国加起来还多得多的高速列车，体现为建造和拥有比其他国家和地区加起来还要多得多的机器人等。

5.1.3　群体创新激情

20 世纪 50 年代，日本人发现半导体是一个前景广阔的产业时，几乎所有的电子巨头都扑到这个行业。这个时期的日本企业，表现得无所畏惧；他们不以模仿为耻，愿意通过合资、专利授权等方式，虚心向美国同行学习。

事实上，**日本企业都不太喜欢开展需要承担风险、花大代价的开拓性的独创研究，而倾向于从已被验证可行的技术起步，从事应用研究。这种研究实质上是在别人开拓的原创成果基础上进行产业化。按照日本企业的一句口号来说，就是"带着强烈的产业化意识进行研究"**。这种"吸收再创新"的研究路线在实践中让日本半导体企业在 20 世纪跟随美国这一先行者受益巨大。

近年来，包括日本在内的欧美发达国家和地区由于经济低增长率和严格市场监管，使大部分企业已经忘记了这种无所畏惧，已经无法想象数百家企业争先恐后地在同一个细分市场进行创新的火热场景。毕竟，这只是在欣欣向荣、活力四射的高速增长环境中才会见到。

今天，中国也一直洋溢着这种类似日本 20 世纪 50 年代的群体创新热情。一旦有人发现了一个有利可图的市场，各地就会出现成百上千的竞争对手，每个人可能提供的只是原始创意的复制品，只不过稍加改动，使之更有用或者更便宜，或者更引人瞩目一些。在群体创新的氛围下，国内企业很难成为垄断企业，即使是阿里巴巴在中国也有类似京东这样增长非常迅速的竞争对手。反观美国，亚马逊、谷歌、苹果、英伟达、高通等几乎没有美国本土的竞争对手。

就像 20 世纪的日本一样，今天的"群体创新"打破了创新需要原创性的发现和发明的理念。**这种创新很大程度上是运用其他方知识产权的结果，正是因为你知道你的创意几天内就会被成百上千家竞争者模仿，所以你需要不断改进你的创意。**这种改进，更大程度上是功能改进，不涉及基础架构本身，因此很难对产业产生颠覆性的引领作用，这是最大的缺憾。

群体创新，是一种做到极致的艺术。我们都知道日本比较擅长把事情做到极致，但也要清醒地看到，日本从没有诞生过硅谷，这与他们的创新文化不无关系。

然而，中国半导体行业当前所处环境的两个特征，注定我们还需要度过相当长时间的"群体创新"周期。

特点之一：半导体产业非常成熟。

从 1945 年计算的话，这是一个存续了近 80 年的产业。大部分该原创的，都被全世界创新过了，搞"原始创新""基础创新"非常困难。

特点之二：我们是追赶者。

哪怕是 20 世纪 60 年代就成熟的二极管、电阻、电容，20 世纪 80 年代就成熟的模拟电路，中国在中高端领域还在高度依赖进口。大家都看得很清楚，**"替代进口"这块巨无霸蛋糕的外层（中低端技术产品的模仿、吸收、消化）吃都吃不完，大部分企业暂时也没有精力、可能也没有能力去考虑怎么吃到蛋糕最甜美、营养最丰富的里层。**

冷静面对现实。今天无论是 GPU、EDA、CPU、模拟电路等集成电路设计，还是设备、材料，大半都是群体创新，放在全球竞争力角度，完全缺乏与国际顶尖同行一搏的核心竞争优势。只有认识到这一点，大家才会正确面对我们身边的半导体世界。部分企业喊出来的"碾压英伟达""干掉赛灵思""超越 ADI"，都是在自己家里喊喊过过瘾。我们也应该自省，然后进一步思考，半导体产业怎么才能摆脱这种形式，从架构设计，到全新材料导入，再到科学原理突破，这些才是产业长久立身之本。

当然，由于国产替代的存在，群体创新的市场空间还很大，预计至少还有 5～10 年的市场机会，譬如芯片设计、设备、材料的几乎所有方向上中低端替代需求也很旺盛；芯片制造上，中国大陆自主产能占全球约 5%、远不能满足占全球 15% 的自身芯片设计企业需要。但**如果没有技术上的核心竞争力和原创能力，企业真的很难持久，讲不清楚 10 年后今天的各个细分领域的头部企业还在不在。**

两难。

一方面，如果花了太多资金、时间去做长远的事情，即使突破了，很容易为国内同行作嫁衣。另一方面，我们不能躺在国产替代的温床上，在吸收、消化、再提升的温水里荡漾，早晚得走出国门面对与国际顶尖同行竞争，不做基础创新的话，长远看也没有出路。

从国家政策层面，建议在继续大力支持集成电路国产替代的同时，一方面要把更多的资源投到半导体领域更尖端、更基础、更原始的创新中去；另一方面，需要执行更严厉的知识产权保护政策，从核心技术层面避免"内卷"，让长期的技术投入者做得宽心、放心。

5.1.4　内卷难以避免

一个犹太人在十字路口开了一个加油站，生意很好；第二个犹太人在左边开了一家餐馆；第三个犹太人在右边开了一家超市……最后整个区域都火了。换成中国人，第一个开了个加油站，生意很好；第二、三、四个都来开加油站……最后都不赚钱，整个区域也凋敝了。

之所以这里用的是中国人，而不是日本人和中国人，是考虑到中国和日本的产业内卷，多少有些迥异。日本人在引入半导体技术初期，虽然与中国一样通过群体创新，多、快、好、省地发展半导体产业，有所内卷，但内卷程度确实远没有今天的中国半导体产业如此激烈。

日本之内卷，是发生在强者与强者之间，譬如1990年世界半导体前十强日本有其六，六家均以DRAM存储芯片为主，技术、产品上明显内卷，但属于在金字塔最顶层的竞赛，是优秀生之间的角逐。

而中国半导体领域，除了海思科技、中微半导体等少部分企业，其他近百个细分领域距离世界先进水平甚远，绝大部分企业需要从低端起步，今后逐步滚动发展做大做强。然而，现在**几乎每个领域都有一哄而上的现象，导致那些好不容易在中低端做出一些成绩的企业，需要面对无穷无尽的新设立的同样从事低端技术和产品的企业，陷入持续的内耗，使其迈向高端的步伐既被国际龙头企业死死卡住，也被自己人死死拖住。**

这种内卷，同时还伴随着每一个从业企业都宣传自己是中国最好的技术和产品，甚至宣称技术参数已经完全碾压国际龙头企业。这样既容易造成客户误解，更容易导致政府决策误判。当然，实践是检验真理的唯一标准，我们今天看到的市场现象是，我们一方面在中低端市场出现同质化的过剩与内卷，另一方面在高端市场与高价值产品上严重不足，长期被卡脖子，这种内卷掣肘了整个中国半导体产业的整体转型升级。

5.2 中日合作"低潮造船、高潮出海"

放在全球视野，中国无论是技术水平，还是产业规模，都处于全球半导体国家和地区中的弱势位置。半导体研究机构 IC Insights 发出的研究报告显示，2021 年美国企业占据了全球芯片市场销售总额（包括 IDM 和 Fabless 厂商的芯片销售额的总和）的54%，而中国占比仅有 4%（这个数字与中国芯片设计产业总规模占世界半导体总规模约 15% 相比，偏差较大）。全球前五大 Fabless 厂商中，高通、英伟达、博通、AMD、赛灵思等都是美国厂商。全球头部的 IDM 厂商中，英特尔、德州仪器、美光等都是美国厂商。韩国占据了全球芯片市场销售总额的 22%，排名全球第二。

放在全球视野，日本半导体芯片产品收入规模处于全球半导体国家和地区中的较弱势位置。日本和欧洲在 Fabless 领域都比较薄弱，市场份额均不足 1%。而在 IDM 领域，日本由于有瑞萨、铠侠、索尼、富士通等 IDM 大厂的存在，占据 8% 的份额；欧洲因为有意法半导体、英飞凌、恩智浦等 IDM 大厂，拥有 9% 的份额。综合来看，日本和欧洲在全球芯片市场的份额均为 6%。

鉴于此，**中国和日本在全球半导体浪潮中，都处于低潮**。但双方的低潮，又有显著的不同的特征：

● 中国半导体产业还未有巅峰体验，日本半导体则有辉煌的历史，拥有学习、追赶、登顶、滑落、不甘的全部经验和教训。因此，日本半导体产业与中国协同的话，作为有经验的过来人，对中国有极强的帮助。

● 中国半导体产业的低潮，在于整体甚至全面落后，几乎覆盖了制造、设计、设备、材料等全环节。日本半导体产业的低潮，只体现于设计和制造这个船体部分，而设备、材料不缺，大船的船骨和船体材料都是世界顶尖的。

● **日本虽有上佳船骨和船体材料，但却没有批量造船的资金（庞大的资本投入），也缺乏足够多的船员（成百上千的半导体创新创业企业），更缺乏激励大船商业化远航的机制（高度溢价的资本市场退出通道）。中国则相反，日本半导体产业凡是需要的，中国都有；不但有，还都是世界上最好的。日本半导体产业凡是强项的，中国都需要。**

鉴于此，日本和中国合造半导体产业大船出海，乃是良配。

日本若与美国合造大船，日本想要的，美国给不了；美国想要的，日本其实也给不了。然而，美国为什么要强调与日本加强半导体合作呢？因为这样会让日本感受到世界半导体老大的重视，可以让日本得到些许虚无的满足，从而在欣然接受美国提议的同时，婉拒中国这么一个绝佳的合作伙伴。

中日双方都处于半导体产业发展的低潮，是各自的压力和挑战，也是对方的机遇和时运。

5.3　中国资本市场热是打通中外合作的通道

资本市场是产业冷热的见证者。

从发达国家的股市看，半导体产业已经是非常成熟的产业。以市盈率指标看（截取 2022 年 3 月时间点）：

- 世界第一大半导体设备企业美国应用材料市盈率为 32 倍，同期中国的中微半导体为 150 倍、北方华创为 295 倍。

- 世界第一大半导体材料企业日本信越市盈率为 33 倍，同期中国沪硅产业为 773 倍、中环股份为 132 倍。

- 世界第一大芯片设计企业美国高通市盈率为 19 倍，同期中国恒玄科技为 114 倍、澜起科技为 75 倍。

选取的国际标的都是龙头企业，享受垄断溢价；相对应地，欧美发达国家和地区的整个半导体板块，处于估值更保守的水平，在投资机构眼里并不比食品、基础建设高贵许多。笔者曾梳理过 2002 年至 2015 年在美国纳斯达克挂牌上市的半导体企业，非常惊奇地发现累计竟然少于 5 家，并且全部来自于亚洲。这表明在欧美等发达国家和地区，半导体已经不再是创业者青睐的领域。

对于日本半导体企业，如果能享受到中国资本市场的盛宴，那比日本政府的补贴政策、美国同行相对务虚的联合攻关联盟要实用得多，一方面有助于日本半导体企业与美国、欧洲同行在中国市场竞争，另一方面也有助于日本半导体企业有充裕的资金开展下一代技术的研发。而对于中国半导体企业，则能够在与日本半导体企业的合作中，取长补短，双方共同开拓中国这一世界最大的市场。

今天，日本半导体产业在众多领域仍有中国无法比拟的优势，包括设备、材料、功率器件、传感器等等。从加速中国半导体产业蓬勃发展的角度出发，资本市场如能探讨与日本半导体行业的战略合作，让日本半导体企业在与中国企业合作的过程中，享有中国资本市场的红利，未尝不是一个推进中国半导体产业前进、促进中日双方企业双赢的有益措施。

5.4 中国半导体产业政策之方向

5.4.1 正确认识我们的半导体实力

如何认识我们的半导体实力，这是一个见仁见智的问题。笔者在此避免发表任何个人的观点，谨再次展现一下美国《确保美国半导体的长期领导地位》的视角，并对美国观点略加解读。以下正文为美国报告原文（有删节），括号内为本文作者分析。从常理看，美国报告是为了游说政府更多拨款，有刻意抬高中国半导体水平之可能，而无贬低小瞧中国半导体产业之必要。

- 中国自身面临创新缓慢、市场转变、产业过度集中等问题，这会给中国半导体产业带来巨大的挑战。但即使有这些因素，我们仍然要重视中国对美国半导体产业带来的巨大影响。

- **中国在半导体技术方面的水平远远落后于美国，这是毋庸置疑的。中国的先进逻辑芯片制造技术与美国和其他先进的半导体玩家比较，也是大大不如；中国量产的先进存储芯片都是国外企业在中国的投资企业产出的。现在中国有很多半导体代工厂，**

但都比当前主流的工艺落后 1~1.5 代。在存储芯片方面，虽然中国正在大力投入，但可见的是，目前中国并没有相关先进量产企业。（美国人表述准确，没有刻意地虚构直接威胁，当前中国半导体技术确实远远落后于美国。报告表述还是略显委婉，譬如中国最好的芯片工厂比美国至少落后 1~1.5 代。实际情况是大部分工厂要比美国主流工艺落后 2 代甚至 3 代以上。报告提及的"有待量产的存储芯片企业"应是指长江存储，"已经量产的国外存储芯片企业"应是指西安三星和无锡海力士。）

- 现在中国通过非市场手段，利用各种方针策略，期望在半导体的设计和制造领域获得全球领先的位置。伴随着中国半导体市场的迅速增长，这让全球半导体产业挑战更加错综复杂。（美国在半导体产业扶持方面，看来还是执行的双重标准。报告一开始就强调了全球半导体产业从来就不是一个完全市场经济，并且强调美国为了国家安全可以不遵守正常的市场规则。另一方面，中国目前的半导体政策也弱于日本、韩国在 20 世纪 50 年代到 80 年代的投入力度。）

- 中国缺少第一梯队的半导体设备企业，但有一个第二梯队的设备企业在上海，那就是 AMEC。（中微半导体 2004 年来上海发展，10 余年时间进入全球第二梯队，殊为不易，值得骄傲。）

- 在这种环境下，中国半导体只能通过收购境外的先进半导体企业或者其某些部门来提高竞争力。而中国在这方面的投入也是明显增加的。（现在中国碎片化并购明显，有时候为并购而并购，尽想着买回来上市大赚一笔；缺少那种围绕龙头企业做大规模而投入大量资金的并购。当然，欧美不欢迎中国政府背景的境外并购。如果刻意组织并购，又会举步维艰。）

● 现在看来，中国半导体表现最突出的领域就是纯设计企业。但坦白说，中国这些芯片设计企业与其他先进同行相比，还是有比较大的差距。从目前看来，大部分的中国 Fabless 企业都是瞄准低端和中端市场。（**美国人看得非常清楚，一针见血！国内"号外"频频，某某芯片性能独步全球，某某 AI 企业挑战全球最高技术，这些报道实在与现实情况相去甚远。**客观说，除了海思等极个别企业，国内芯片设计企业确实都是从低端、中端起家；而且绝大多数创业团队是从最容易入手的消费电子芯片起家，而汽车电子芯片、工业芯片领域的有量产能力的企业还是凤毛麟角。正视这个事实并不可耻，可耻并且可怕的是我们一直还在沾沾自喜，自以为已经接近甚至超越美国半导体产业。）

● 中国的半导体策略依赖于其庞大的经费支持。这是一个包括国家基金和私募资产在内的，金额总额达到 1500 亿美元，周期长达十年的投资。而其中技术的获取，中国则希望通过对先进企业的投资和收购实现。美国过去五年共 230 亿美元的并购规模与其对比，那就是小巫见大巫。现在很多中国投资机构依循政府的方针，开启了疯狂的并购。（笔者推测，美国报告此处认定的中国对半导体 1500 亿美元经费支持，似指的是国家大基金启动时所提及的撬动社会 1 万亿元人民币投资的口径。）

● 纵观中国半导体的建设策略，主要由两个方面组成：一方面是补贴；另一方面则是零和博弈。（美国人认为，中国新兴的半导体产业掠夺的是美国半导体企业已有的市场。但这一点并不符合事实，过去 20 年来，新兴中国半导体产业的销售收入规模，只占全球半导体产业增量的很小比例，并非从美国半导体企业中切走了其原有的蛋糕。）

以上是美国《确保美国半导体的长期领导地位》关于当前中国半导体实力的部分观点和作者评析。

今天的半导体产业，**产业环节高度分散。世界上不同地区在半导体某一个或多个环节类型上具备几乎绝对领先的优势，而中国大陆除了是全球最大的电子产品制造中心之外，在半导体其他任何一个环节，都缺乏能代表整个该环节最佳水平的实力。**

以一个典型芯片产品从客户下单到最终交货来看，一般会贯穿5个以上的国家和地区。

- 步骤1：美国，芯片最终用户（如苹果）提出采购需求。
- 步骤2：美国，芯片设计企业（如高通）进行芯片开发。
- 步骤3：英国，IP企业（如ARM）提供IP授权。
- 步骤4：美国，EDA企业（如新思）提供设计工具。
- 步骤5：中国台湾地区，代工企业（如台积电）接单制造。
- 步骤6：美国、日本、荷兰，设备企业提供制造装备。
- 步骤7：美国，开采二氧化硅并精炼成冶金级硅。
- 步骤8：日本、韩国等，生产硅片。
- 步骤9：马来西亚，中国台湾地区投资的封装厂进行封测。
- 步骤10：中国大陆，芯片组装进电子产品。
- 步骤11：美国，以自有品牌（如苹果）全球发售。

从半导体产品市场占有率看，2020年美国占全球47%的市场份额，覆盖逻辑芯片、存储芯片、模拟芯片等；韩国其次，占20%，主要是存储芯片；日本占10%，主要是MCU、模拟芯片、功率器件；欧洲占10%，主要是MCU、模拟芯片等；中国台湾地区占7%，主要是通信芯片；中国大陆占5%，领域涉及较为广泛。

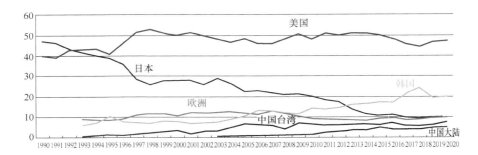

世界主要国家和地区近三十年半导体增长示意图

数据来源：美国半导体产业协会

从上图可以看到，美国半导体产业自 1993 年走出被日本压制的阴影后，一直保持 40% 以上、全球遥遥领先的占有率。中国大陆从 2003 年半导体产品全球市场占有率几乎为 0，到 2020 年的 5%，增长幅度惊人，但绝对份额与世界领先国家和地区差距仍然巨大。

5.4.2　中国半导体产业政策之方向

2018 年 4 月 16 日，美国商务部发布声明说，由于中兴通讯违反与美国政府去年达成的和解协议，将对该企业执行为期 7 年的出口禁令。《人民日报》4 月 19 日发表文章，提到出口禁运触碰到了中国通信产业核心技术缺乏的痛点。"缺芯少魂"的问题，再次严峻地摆在人们面前。4 月 20 日，笔者在集成电路行业论坛发表了《中兴事件朝前看：预计我国将迅速出台最优惠芯片政策组合拳》，对我国半导体产业政策方向提出了个人见解。4 年多后回头看，当初诸多判断仍未过时。现全文引用如下，略有删减，作为笔者对中国半导体产业政策方向之看法。

理性看，不计成本加大芯片投资，仅仅是一项资金政策，属于产业政策环节的重要一环，然而却未必是最重要的一环。产业的发展，最终还是人的问题和企业的问题，不能简简单单依靠堆砌固定资产和研发投入来实现。我个人预测，也是个人的期待，国家会迅速出台集成电路产业的最优惠政策组合拳。希望政策具备如下特征：

1. 政策出发点更务实

多年实践经验表明，无论是看到 2025 年还是 2030 年，我国芯片全面取代进口的可操作性不高；而且容易引起其他国家不必要的猜疑。这次美国很大的动作，可能也是因为看到中国制造立志 2025 年几乎面面俱到地全方位超越美国，对美国来说感受很特别。

集成电路产业政策如何算成功？我心目中的特征，是集成电路产业中，至少有 10% ~ 30% 的芯片产品或产业链环节，我们有、他人无，或者我们一骑绝尘、他人非常脆弱。到此境界，则芯片工业与全球相生相存的状态得以确定。**所谓产业安全，至少做到了如果对方不愿意共生，那么我方至少可以决定共死。这是核武器在经济领域的折射。**可惜中兴事件表明，中国目前在芯片领域没有足以让他国忌讳的能"共死"的核武器。

因此，期待我国今后的集成电路产业政策，可能也包括数控机床、工业机器人等其他硬科技领域的产业政策，应该有所聚焦、全力培育 1 ~ 2 项核心能力。譬如韩国的存储芯片，全世界现在都礼让三分、唯"韩"首是瞻。

2. 上市条件比肩纳斯达克

我认为未来中国股市对集成电路企业将礼遇有加。条件将明显好于此前盛传的独角兽门槛，譬如：

- 利润门槛显著低于 3000 万元人民币。
- 放宽成立时间要求。
- 放宽或取消连续盈利要求。
- 高度容忍对 IPO 审核的瑕疵等。

有不同的声音认为，给集成电路一个产业开绿色跑道不公平。但中国历年的成功实践，都是局部试点，可行则普及。因此对集成电路行业的 IPO 通道，也可以理解成今后全部高科技行业，乃至所有领域的注册制的第一步试点，将惠及经济领域全行业的融资环境。

（注：歪打正着**提前 14 个月预测到了科创板的诞生**。笔者曾在 2015 年参与了战新板思路的酝酿，此处对上市环境的期待，并非突发奇想，而是心中念念不忘当初构思战新板时，那种鼓励以集成电路为代表的高科技创业企业发展的一种宽容和制度创新。）

3. 本国采购要求很强悍

在美国制裁中兴通讯之前，国内不少用户对采用国产芯片也不太上心。因此，"有形的手＋无形的手"协同就很有必要。预计国家会出台正向激励和负向惩罚的要求，激励落实到采购方的企业负责人。如此，则政府采购、央企、地方国企对本国 IC 的采购力度有望明显上升，对材料、设计、装备、制造每个环节也都是重大利好。

（注：这个判断，既对也不对。不对在于，在全球自由贸易规则下，国家出台相关的政策不太合适。对在于，美国对中兴通讯以及后续对华为的禁运措施，会让大部分用户蓦然惊醒，如果有一天我也成为禁运对象怎么办？于是培养本国第二供应商成为大

家的重要甚至首要课题。)

4. 政策条款将更精准

我们以前有些政策还是比较粗放的。有创业企业家罗列了几点："本国企业出口软件和芯片有免税政策，卖给国内客户却没有免税政策；国内研究机构和大学采购进口仪器设备有免税政策，采购国产的却没有；我们的芯片设计产品都需要出去转一圈再回来……"我相信对于集成电路产业链的各个环节的政策条款和操作细则，集成电路产业的从业者，都有很多的牢骚。

（注：近三年我国集成电路政策力度在加大，操作细则也在完善，这是真正听到了产业第一线企业的声音，是极好的现象。）

5. 芯片设计分量将更重

现在情况很明朗，中国的短板，是产品设计不出来，不是设计出来没人帮我们流片。所以，迅速培育芯片设计能力，预计将成为政策的焦点。

（注：这个判断，既对也不对。不对在于，美国在对华为实施禁运时，也要求台积电这一全球技术最高的代工企业中止华为的芯片加工业务。对在于，我们模拟、功率、存储、逻辑计算等各个方向上，仍缺乏足够多的成熟可靠的芯片产品。）

6. 制造业政策将更科学

我们目前的生产线政策，特别是税收政策，是按照投资总额（80亿元以上）、工艺水平（45纳米以下）来界定门槛。然而，千百种芯片，是在8英寸乃至6英寸特色工艺上完成的，包括MEMS、功率、模拟等。而所有这些，国内产能严重不足，进而制约了设计企业的试片流片。而特色工艺芯片（超越摩尔领域的芯片），境内外水平差距依然很大，替代进口的意义依然很大，发展特色工艺设计和制造能力的必要性依然很强。

7. 设计工具将单项扶持

EDA 和 IP 环节，多年来被忽视了。倒不是"爸不亲，妈不爱"，而是爸妈无从下手，不知道怎么扶持才会见效。这次预计会从政策角落走到政策聚焦灯下，期待能单项扶持，而不是放进芯片设计的大范畴。当前中国集成电路产业发展的最主要矛盾，是国际同行已经高度垄断、高度综合的产业环境与本土企业仍然单兵作战、单一产品和单一功能参与竞争的深刻矛盾。中国面临着史无前例的不对称竞争，尤以 EDA 企业的功能单一化、设备企业的品种单一化为甚。期待对 EDA 单向扶持时，能将功能整合、企业协同、鼓励并购等作为主要的支持方向之一。

5.4.3 以史为鉴，可知政策之春秋

笔者尝试把中国半导体发展历程分为四个阶段：

1. 早期阶段（1956—1967）

1956 年，周恩来总理牵头制定《1956—1967 年科学技术发展远景规划》，把计算机、无线电、半导体和自动化列为国家生产和国防需要紧急发展的领域。教育部在北京大学创建了我国第一个半导体物理专业。

1957 年，北京电子管厂研制出锗晶体管，比美国晚了 10 年。

1959 年，归国学者林兰英创造性地拉出了单晶硅，比美国晚了 5 年。同年，清华大学李志坚老师带领团队拉出了高纯度多晶硅。

1960 年，成立中国科学院半导体研究所和河北半导体研究所。

1963 年，研制出了平面型晶体管，比美国晚了 4 年，比日本

晚了 2 年。

1964 年，清华大学年仅 25 岁的毕业生康鹏，解决了国产晶体管产品品质不稳定的难题。哈尔滨军事工程学院在此基础上成功开发出中国第一台全晶体管计算机，比美国晚了 6 年，比日本晚了 5 年。

政策启示：

在全球半导体行业发展的早期阶段，中国跟紧甚至缩短了与世界主流技术的差距，发展出了自主的半导体技术体系。

- 这一时期主要的需求是来自于国家亟需的特殊领域，与民用关联度较低，因此国有体制合乎逻辑和需要。

- 这一时期发挥技术中坚力量的是高校和科研院所，这与美国发明半导体技术早期由贝尔实验室、斯坦福大学主导比较契合。

- 这一时期中国的半导体技术没有被美国甩开，并不能简单地归因于其时选择的国有体制的相对优势。同一时期，**美国**半导体技术和产品 80% 为美国国防和政府采购服务，在民用产品上着力甚少。正因为此，**日本**在同一时期着力发展半导体民品市场，才缩小甚至追上了美国半导体产业。

- 这一时期，因为面向特殊领域应用，中国虽然取得半导体技术突破并有少量产品应用，但并没有形成半导体产业。

新中国成立初期的成就主要得益于留学归国的精英科学家和中国的举国体制。归国留学生给中国带来了半导体产业最先进的科研理念和方法，而且早期半导体产品主要用于军事工业和航空航天。**精英科学家加举国体制，在军工和航空航天领域被证明是有效的，帮助中国完成了半导体产业从 0 到 1 的过程。**

2. 产业化初期阶段（1968—1982）

1968 年，筹建国营东光电工厂，从事集成电路专业化生产。

1972 年，永川半导体所研制出了大规模集成电路，比美国晚了 4 年。20 世纪 60 年代末到 70 年代初期，国内各地掀起了一股集成电路工厂建设高潮，全国共建设了数百家集成电路工厂，全部为国营单位。其中，永红器材厂即为后来的天水华天，江阴晶体管厂后来发展为长电科技。

1973 年，中国电子工业考察团参观考察了日本主要集成电路企业，NEC 同意向中国转让一条 3 英寸集成电路全线设备和技术。**但是，考察团关于引进国外技术的建议受到批判，使中国错过了一次引进境外整套集成电路技术的战略机会。**

1977 年，科学和教育工作座谈会上相关学者指出："全国共有 600 多家半导体生产工厂，其一年生产的集成电路总量，只等于日本一家大型工厂月产量的十分之一。"这句话道出了改革开放前中国举全国之力打造的半导体产业家底的尴尬。

1978 年，中国科学院半导体科学家代表团访问日本，广泛调研日本砷化镓、氮化镓乃至碳化硅材料及相关工艺、设备进展。

1982 年，发起众多 IC 工厂的第四机械工业部与其他部委合并为电子工业部。

政策启示：

中国这一时期设立了 600 多家半导体工厂。然而这个时期都是小作坊式经营，并且也缺乏技术含量，这从少数存活下来的制造工厂最终只能转型为封装测试企业可见一斑。

● 这一时期，是世界半导体产业化如火如荼的时期。中国大量国有企业也嗅到了高价格、高利润的产业商机，纷纷上马生产线。与日本在 1976 年召集骨干企业和主要研发机构发起超大规模集成电路计划、全面攻关设备和材料技术、半导体产业一举超越美国相比，中国在同时期产业化成果乏善可陈，表现为无序发展，缺乏科学合理的统筹机制、协同攻关机制，应了大家常说的"**一放就乱**"。

- 开放合作是永恒的主题，特别是对半导体这一日新月异的新技术。错过引入日本 NEC 的 3 英寸集成电路大规模生产线这一战略机遇，主要原因是 20 世纪 70 年代到 80 年代非市场、非经济因素对半导体产业干预过深，属于大家常说的"**一管就死**"。

- 这个时期国际技术交流氛围良好，国家鼓励和支持科学家出国访问、学习、取经。但大部分取经感悟并没有转化为国家生产力。**半导体政策科研、产业两个方向脱节问题很严重。**

随着半导体产业进入快速发展阶段，全球半导体企业已经开始进入"利润积累—研发投入—技术提高—成本降低"的良性发展循环，并在收音机、电视机、个人计算机等下游终端的普及和牵引下实现了产业的整体繁荣。而中国在计划经济体制下，企业在产品创新、资源配置、市场需求开发等方面缺乏主观能动性和灵活性，始终无法形成自给自足、持续生长的产业生态。

在 20 世纪六七十年代 600 家半导体企业没有成长起来，大半与其自身管理经营水平无关，而应归因于其时的产业管理机制。当时半导体厂商的产品都极为紧俏，半导体工厂经营整体上欣欣向荣，利润丰厚。但行业主管机构并不了解半导体产业连续投资、连续研发、产品只有迭代才有生命力的客观规律，且企业想要进行技术升级改造或扩大规模，必须走立项申请，经国家批准后再拨付资金实施，这一过程繁杂且漫长，等资金到位，市场机遇往往早已消失。即使批复到位，资金也远小于预期。譬如国营东光电工厂当时上缴利润达到当初总投资额的 8 倍，但没有再进行更多的扩产和研发，错失了发展的好机会。

3. 产业化探索阶段（1983—1995）

1983 年，国务院电子计算机和大规模集成电路领导小组提出要建立南北两个基地和一个点的发展战略，南方基地主要以上海、江苏和浙江为主，北方基地主要集中在北京、天津和沈阳；一个点指的是西安，主要为航天工程提供集成电路配套。

1983 年，电子工业部从永川半导体所抽调 500 人在无锡设立分所，和 742 厂按照"厂所联合、统一领导，全面规划、合理分工，建制不变、独立核算"的原则建成了科研生产联合体，攻关 2～3 微米工艺技术。

1986 年，电子工业部规划在北京和上海建设南北两个微电子基地，并提出了"531"战略，即普及 5 微米技术、研发 3 微米技术、攻关 1 微米技术。1987 年，联合体完成"研发 3 微米技术"的战略任务。1989 年，中国华晶电子在联合体基础上成立，成为"908"工程载体。

1987 年，北京市组建"北京燕东微电子联合公司"。由于资金短缺，花了 5 年时间建设净化车间，又花了 5 年时间引入新的 4 英寸生产线设备，直到 1996 年投产，工艺已落后太多，不得已向分立器件转型。

1988 年，上海无线电十四厂和上海贝尔合资设立上海贝岭，外资占股 40%，采用 IDM 模式，主要为上海贝尔提供通信专用集成电路。

1988 年，上海无线电七厂与飞利浦合资，组建**上海飞利浦半导体公司，这是当时中国乃至全球最先进的模拟芯片企业**，1995 年更名为上海先进半导体。

1990 年，国家决定实施"908"工程，到 1992 年，国务院正式下发文件。项目经费审批花了 2 年，引进生产线又花了 3 年时间，到 1997 年建成投产时，月产能仅 800 片，距离原定 1.2 万片差距很大。"908"工程规划时与世界同步，但生产线建成之时，就已落后于国际主流技术 4 代以上。

政策启示：

改革开放后，脱胎于计划经济体制下的半导体企业也被推向市场，企业在历年上缴了绝大部分利润后，被要求自负盈亏、自谋生路。半导体企业为求生存、各自为战，先后有 33 家单位不同程度地从境外引进了各种集成电路生产设备，但最终建成使用的只有少数几条，并没有达到"引进、消化、吸收、创新"的目的。整个 20 世纪 80 年代，原有 600 多家半导体工厂绝大部分经营不善，技术人员、工程师群体被迫下岗，造成了严重的人才流失和断代，使得中国半导体产业与世界的差距越来越大。

• **改革开放后的这近 20 年，中国在半导体产业组织机制上，缺乏对外合资合作的深度思考和统筹规划，错失了一次通过外资合作构建中国较高端产业链系统布局的战略机遇。**既没有进行类似日本在引入美国半导体企业时的强制技术转移安排，也没有协同各家合资企业联合技术攻关。

• 这一时期，中国也缺乏对半导体企业这一基本产业细胞的保护和支持，其政策待遇甚至比不上当时特别热门的纺织工业，导致了企业关停转行导致人才流失甚至出现断层，对后续半导体产业直至今天都有深远的影响。

• 这一时期，国家和地方层面仍未意识到半导体产业的整体战略意义。反映在产业定位上，对外合资往往是为了一个特定产品，譬如上海贝岭是为了给上海贝尔提供芯片配套，仅为解决程控交换机用芯片的供给，未见上升为发展模拟芯片、存储芯片、逻辑芯片等提升国际竞争力的战略意图。

- 这一时期，中国没有像日本一样在20世纪六七十年代抓住外资合作做文章。日本通过与美国合资合作，在1990年有6家企业跨入了全球半导体前十大巨头行列。中国也曾面临类似机遇，无论是上海贝岭还是上海先进，当时都是一手好牌。以上海先进为例，起点甚高，其技术和产品成熟度优于飞利浦输送给台积电的数字芯片制造技术，模拟芯片技术媲美世界模拟集成电路之王美国德州仪器。如果用心做起来，良性循环起来，产品竞争力将极强，产业壁垒也很高，企业规模有望做得很大。回顾那段灿烂的历史，飞利浦通过对外合资进行技术输出成就了光刻机之王阿斯麦、代工之王台积电，独有与中国大陆的合资企业上海先进运营30多年仍是发展缓慢。

4. 全面产业建设阶段（1996—）

1995年，国家领导人参观了三星集成电路生产线，发出"触目惊心"的四字感慨，并随即启动"909"工程。1997年，上海华虹NEC成为"909"工程的承担主体。"909"工程是在国家领导人带着"砸锅卖铁"决心的背景下启动的。原电子工业部部长胡启立亲自挂帅："如果'909'工程再翻车，就会把（中国发展集成电路产业）这条路堵死，可以肯定若干年内国家很难再向半导体产业投资。"

2000年6月，国务院发布《鼓励软件产业和集成电路产业发展的若干政策》（国发〔2000〕18号）（以下简称18号文）。2011年，国务院发布《进一步鼓励软件产业和集成电路产业发展若干政策》（国发〔2011〕4 号）。2020 年，国务院发布《新时期促进集成电路产业和软件产业高质量发展若干政策》（国发〔2020〕8 号）。

2000 年，中芯国际打下了第一根桩，2001 年 9 月正式建成投产，创下了当时最快的建厂速度。

2002 年，科技部与上海市联合设立上海微电子装备公司，承担光刻机主要攻关任务；同时，中电科 45 所也把自己研究分步式光刻机的团队搬至上海，共同开发。

2004 年，半导体设备企业三剑客中微、盛美、睿励同期成立，均为留美海归人员创业企业。

2008 年，"极大规模集成电路制造装备及成套工艺"专项启动。

2014 年，国务院出台《国家集成电路产业发展推进纲要》，将集成电路产业发展上升为国家战略。同年，国家大基金设立。

2015 年，上海国资委、国家大基金等部门和机构联合成立上海硅产业集团股份有限公司，借助资本的力量，加快中国大硅片产业的发展。

政策启示：

2000 年的 18 号文是中国第一次系统全面支持半导体产业发展的信号弹和定心丸，表明国家重新站到了坚决支持半导体产业的立场。1996 年 "909" 工程则是中国半导体产业发展的一个里程碑和转折点，有效地将政府资源、国际先进技术、市场化管理体制进行了高度融合，是中国半导体产业组织机制不断调整完善的一个重要节点。

- 这一时期，在组织机制上进行了有效的革新，不少企业都形成了自己的市场风格。这主要体现在归国团队的引进和民营企业主体（包括国企混改）的崛起。前者瞄准国际先进技术，后者聚焦市场适用技术，各自走出了一条可行的道路。

- 这一时期，有些"既要、还要"的设置安排，限制了举国体制在半导体产业的有效发挥。举例来说，国家大基金既被要求全力以赴支持国家卡脖子环节，又被要求最低收益率，导致决策时需要考虑保收益，难有勇气投向高风险、高不确定性，但非常制约中国半导体产业发展的环节；其结果是投向光刻机、光刻胶等环节企业的资金都比较晚。

- 这一时期，半导体产业最重要的管理方式是窗口指导制度，对国家和地方政府的风险防范和产业的有序发展进行了适当统筹。譬如，通过指导项目使用政府资金不得超过多少比例，避免政府过度承担风险；通过审查项目在所在细分行业内的技术水平定位，避免低水平重复建设；通过审查项目所在城市的半导体产业基础和配套能力，避免区域过度分散。越加清晰和积极的政策环境，将能推动全社会资源，特别是市场化资金的投入，鼓励有实力的企业和机构投入，推动各方资源、各领域人才有信心投身到半导体这一战略性、基础性和先导性产业。

- 中国在每一个历史阶段，为了解决国计民生难题，为了克服在产业导入初期的人才密集、资本密集、技术密集等瓶颈，国家和地方政府都会设立龙头企业引导产业发展。电视机有北京牡丹、上海金星、四川长虹，手机有普天科技、东方通信，新型显示有京东方、上广电。这些企业都很好地完成了历史使命，其中京东方今天仍在代表中国参与全球竞争，但更多领域则是让位于民间崛起的制造龙头。今后的一个方向，是国家在简洁清晰的负面清单基础上，支持民间主体投身进来，让他们在世界半导体瞬息万变的残酷竞争环境里，自主投入、自担风险、淬炼自身，形成可持续发展的芯片制造"国家队 + 民间队"组合方阵。如果能从"限制地方政府过度投入"，演变到"鼓励民间主体主动投入"，这将是中国芯片制造的一个重大理念提升，相似表述，意义实有不同。

附　录

附录A　日本、美国、中国半导体不完全记事

年份	日本	美国	中国
1947		贝尔实验室发明点接触锗晶体管	
1948			
1949		贝尔实验室创造出结晶体管概念	
1950	颁布实施《外国投资法》		
1951	富士通研制出日本第一款电子计算机	贝尔实验室研制出结晶体管商业样品	
1952			
1953	索尼从美国西部电气引入晶体管技术		
1954		贝尔实验室研制出硅晶体管	
1955	索尼发布全球首台晶体管收音机		
1956	工业技术院开发出晶体管计算机样机	肖克利半导体实验室成立，标志着硅谷诞生	中科院上海应物所研制出锗晶体管

（续）

年份	日本	美国	中国
1957	通产省出台半导体产业促进政策		
1958	NEC 研制成功并投产晶体管计算机	德州仪器发明锗固态集成电路，标志着 IC 诞生	
1959	日立研制成功并投产晶体管计算机 日本晶体管全球产量第一	仙童半导体成功实现硅集成电路的商业化	
1960	NEC 开始研制集成电路	贝尔实验室研制出 MOS 晶体管	
1961	工业技术院开发出集成电路样品 三菱电机开发出集成电路样品	IBM 攻克指令集、可兼容 OS、数据库等技术	
1962	NEC 从仙童半导体获得集成电路平面技术专利授权		
1963			
1964	NEC 大规模生产集成电路		
1965		"摩尔定律" 提出	中科院半导体所研制出硅小规模集成电路样品
1966	其他日本企业大规模生产集成电路		中科院半导体所研制出 MOS 晶体管
1967			
1968	索尼与美国德州仪器组建合资企业	英特尔成立，主要产品是内存	

（续）

年份	日本	美国	中国
1969	精工基于自有 CMOS 芯片发布了世界首款电子手表	英特尔发布全球首款半导体存储器	
1970	日本加入发达国家行列 Busicom 向英特尔定制电子计算器 CPU 日本政府撤销集成度在 100 个元件以下 IC 产品进口限制	英特尔发布全球首个 DRAM 德州仪器、摩托罗拉、仙童半导体位居全球半导体前三强	
1971	Busicom 放弃全球第一款 MPU 全部知识产权	英特尔开发出 MPU（全球首款商用 CPU） 英特尔发布全球首批 EPROM 世界半导体前三企业：德州仪器、摩托罗拉、仙童半导体	
1972	日本从美国引入数字集成电路技术 日本政府撤销集成度在 200 个元件以下 IC 产品进口限制		
1973			
1974	日本启动超大规模集成电路（VLSI）计划 日本政府同意集成电路进口完全自由化	英特尔存储器市占率超过 80%	中科院半导体所研制出大规模集成电路样品
1975	开发 4 位 MPU	世界半导体前三企业：德州仪器、摩托罗拉、荷兰飞利浦	北大微电子所研制出大规模集成电路样品

（续）

年份	日本	美国	中国
1976	日立、NEC、富士通、三菱、东芝组建 VLSI 研究所 日本首次挤入全球前十大半导体企业（NEC 第七）		
1977		美国半导体产业协会（SIA）成立	
1978	东芝退出主机市场，专攻大规模集成电路 索尼自研图像芯片用于全日空波音飞机		中国科学家考察团访日，了解砷化镓、氮化镓、碳化硅等化合物半导体动态
1979	NEC 开发出单芯片软盘控制器	英特尔发布 16 位 MPU（全球首款商用计算机） 英特尔与微软共同研发开放式架构 PC	
1980	NEC 生产 64KB DRAM，率先进入 VLSI 时代 NEC 研制成功 256KB DRAM，领先美国两年		
1981	日立研制成功全球第一款 CMOS 微处理器		
1982	日本成为全球最大的 DRAM 生产国		
1983			
1984	NEC、日立、富士通、三菱纷纷研发成功 1MB DRAM，全面领先于美国同行企业		

（续）

年份	日本	美国	中国
1985	NEC 登上全球半导体厂商榜首	英特尔等美企纷纷放弃DRAM 业务 美国半导体产业协会向日本发起半导体反倾销诉讼 美光向日本发起 DRAM 反倾销诉讼 英特尔向日本发起EPROM 反倾销诉讼 日美就半导体启动谈判 高通成立	
1986	日本成为全球半导体第一大国 NEC、东芝、日立占据全球前三 签署《日美半导体贸易协议》	美国国际贸易委员会裁定日本破坏了美国半导体产业 签署《日美半导体贸易协议》	中科院半导体所研制出超大规模集成电路样品
1987	日本厂商占全球 DRAM 市场份额超 80%	对日本半导体产品进行关税惩罚 美国半导体制造技术联盟（SEMATECH）成立	台积电成立（来自飞利浦技术授权）
1988	日立、富士通、三菱电机参与 TRON 架构 MPU 开发，TRON 之后转向嵌入系统 富士通在美国生产 ASIC		上海贝岭成立（与上海贝尔合资） 上海先进成立（来自飞利浦技术授权）
1989	NEC、东芝、日立垄断前三名 日本企业占据市场 53%而美国仅占 37%		台积电获得英特尔订单（背书）
1990	NEC 占据全球 MCU 第一名		

（续）

年份	日本	美国	中国
1991	签署第二次《日美半导体贸易协议》	博通成立 签署第二次《日美半导体贸易协议》	
1992			
1993	日本被美国打回半导体第二大国（40%）	英伟达成立 英特尔发布奔腾 CPU，加速催生个人计算机产业 美国重回半导体世界第一大国（43%） 全球前三有其二（英特尔、东芝、摩托罗拉） 摩托罗拉占据全球 MCU 第一名	
1994	日本半导体产业研究所成立		
1995		Marvell 成立	联发科成立
1996			华虹 NEC 成立
1997		世界半导体理事会（WSC）第一次会议	中国半导体行业协会参加 WSC 第一次会议
1998			
1999	富士通、日立放弃存储器业务 尔必达成立		华虹 NEC 投产超大规模集成电路 首钢日电投产超大规模集成电路
2000	NEC、东芝、日立、富士通、三菱亏损 120 亿美元	全球前三有其二（英特尔、东芝、德州仪器）	中芯国际成立 宏力半导体成立
2001	东芝放弃存储器业务专注 NAND		展讯通信成立 新傲科技成立
2002	NEC 将半导体部门分离成 NEC 电子		

（续）

年份	日本	美国	中国
2003	瑞萨科技成立		中芯国际投产超大规模集成电路
2004			中微半导体成立
2005			
2006			
2007			
2008	东芝着力发展 NAND		台积电占据全球 50% 代工份额
2009			
2010	瑞萨科技与 NEC 电子整合为瑞萨电子	超越摩尔（MtM）概念出现	联发科成为亚洲最大的芯片设计企业 华力微电子成立
2011			
2012			
2013			
2014			新昇科技成立
2015	全球前十大半导体企业仅东芝在列（1990 年有 6 家）		上海硅产业集团成立
2016			
2017			
2018	美国贝恩资本收购东芝的存储芯片部门		中兴通讯事件
2019			华为禁运事件

附录 B　世界各国和地区半导体之启示

　　近年来，笔者在多个场合做了一些半导体产业方面的宣讲，也给自己多了一个反复思考的机会。以下是笔者对众多国家和地区经验和教训的最简洁归纳，算是对本书主题的一个有益补充。

他山之石VS中国大陆半导体产业出路

1 美国
- 原创价值连城绵延子孙
- 市场经济也要强势补助
- 非购整合乃做大做强必经之路

2 欧洲
- 应用可以催生芯片技术
- 应用可以保障芯片能力
- 及时拆分似损失实多赢

3 日本
- 青出于蓝而胜于蓝
- 应用可以保障芯片技术
- 芯片不拆分会后悔终生

4 韩国
- 青出于蓝而胜于蓝
- 举国芯片政策似可行
- 一枝傍身可行天下

5 中国台湾地区
- 半导体产业也有模式创新
- 制造是芯片产业定海神针
- 产业环节够强则无高下之分

6 新加坡
- 自主可控很重要
- 自主制造很重要
- 没有自主没有魂

- 美国

原创价值连城绵延子孙。从晶体管、集成电路、超大规模集成电路，到个人计算机、移动智能终端、人工智能芯片等的发展，**半导体产业几乎所有的重要突破和变革都始于美国。从美国踩出半导体产业这条道路，到半导体产业成为 70 多岁的老人，美国半导体企业几乎都是从零开始的创新创业企业，绝少从福特汽车、通用电气、洛克菲勒这些传统巨头内部孵化或拆分而来；这是与欧洲、日本、韩国的迥异之处。**

市场经济也要强势补助。美国政府是半导体产业的风险投资家和战略规划师。在半导体产业发展的不同阶段，美国政府从资金支持、技术推动、产业结构调整等多个角度进行了主动干预。20 世纪 50 年代中期到 60 年代初，美国半导体企业至少 70% ~ 80% 研发经费是从政府的采购合同中获得。

并购整合乃做大做强必经之路。美国半导体龙头企业，无论是产品多达数十万种的模拟集成电路之王德州仪器，还是产品专注于 CPU 一个门类的逻辑芯片之王英特尔，都有数十次的并购历史。美国不缺原创型的创业企业，所以龙头企业也经常能看到为之眼睛一亮的并购对象，这是一个良性循环。

- 欧洲

应用可以催生芯片技术。欧洲是第一次工业革命和第二次工业革命的诞生地，有在全球最发达成熟的工业体系，从欧洲也走出了全球第一批跨国巨头。这些跨国巨头，纷纷在企业内部设立半导体研发及生产部门，寄望于借助半导体这一新兴技术对自身产品进行升级。欧洲半导体产业三巨头因此诞生，英飞凌脱胎于西门子，意法半导体脱胎于法国汤姆逊的半导体部门和意大利

SGS, 恩智浦的前身则是飞利浦的半导体业务部门。

应用可以保障芯片能力。西门子、飞利浦、汤姆逊等工业巨头输出了欧洲半导体新生力量。这些新生力量，又在西门子、蒂森克虏伯、戴姆勒奔驰、宝马、大众、阿尔斯通等庞大的工业产品需求下，得到了源源不断的芯片供给需求，各自成长为巨人。欧洲半导体产业依托欧洲在机械工程和汽车工业上的传统优势，直接培育了欧洲半导体产业最具竞争力的领域：功率半导体和车规级半导体。

及时拆分似损失实多赢。意法半导体 1987 年分拆设立，英飞凌 1999 年分拆设立，恩智浦 2006 年分拆设立。如果仍然窝在原先集团旗下作为事业部或者子公司，客户受限，外部客户很难接受其芯片供给；决策低效，要听从集团公司指挥。

• 韩国

青出于蓝而胜于蓝。韩国学师于美国和日本，DRAM 工业超越了日本，甚至收割了日美半导体战争本应由美国摘取的胜利果实。之后，至今连续统治存储芯片领域 20 年，不可撼动。

举国芯片政策似可行。政府更倾向于主动出击，针对希望发展的特定产业，安排、调度、刺激国内骨干企业相互竞争，然后倾韩国所有资源扶持竞争的胜利者。韩国 20 世纪 70 年代发展汽车工业，八九十年代发展半导体产业（韩国最大的四大财团全部重兵出击），都采取了这种进攻型集中扶优策略，成效显著，在极短的时间内实现了韩国政府壮大产业的目标。政府也是集中力量办大事，承担了 DRAM 技术攻关项目的 57% 费用。

一技傍身可行天下。韩国自 20 世纪 90 年初逆袭日本，至今仍是 DRAM 和 NAND 存储芯片为主，其他领域乏善可陈。

● 中国台湾地区

半导体产业也有模式创新。中国台湾地区台积电首创了纯代工模式，不仅开辟了一个新模式，而且从那开始，就不再有新的IDM巨头诞生。因此，它还为之前IDM模式关上了大门，但留下了一扇窗，一些中小型设计企业还会去尝试。

制造是芯片产业定海神针。严格来说，代工制造是芯片产业的定海神针，它对芯片设计业的代工无法替代。君不见台积电独占全球65%的份额，这让美国心里很不踏实，一定要让台积电、三星去美国本土建厂。

产业环节够强则无高下之分。中国台湾地区房地产企业日月光做成了全球第一大封装测试企业。首先，做房地产的干半导体能做到今天这个地步，说明封装测试这个产业环节似乎门槛不高。其次，最近20年其他封测企业一路猛追，还是与日月光颇有距离，又表明做成封装测试第一的门槛也不小。

● 新加坡

自主可控很重要。2009年新加坡集成电路产值占到全球的11.2%，是公认的亚洲硅谷，彼时有曾高居全球第三大代工制造企业的特许半导体，有全球封装测试第四和第五的联合科技和星科金朋。

自主制造很重要。特许半导体自从被环球晶圆收购后，半导体江湖上就很少听到新加坡的声音。

没有自主没有魂。新加坡未能坚持自主发展半导体产业，陆续卖掉了本国的三家世界级半导体企业。在特许半导体出售后，2014年星科金朋被中国江阴长电收购，2020年，联合科技被中国资本收购，自此新加坡就成为跨国半导体企业外部工厂这一成本中心的集聚地，了无生气。

参 考 文 献

［1］ 胡启立. 芯路历程——"909"超大规模集成电路工程纪实［M］. 北京：电子工业出版社，2006.

［2］ 安迪·格鲁夫. 只有偏执狂才能生存［M］. 安然，张万伟，译. 北京：中信出版社，2014.

［3］ 索尼传媒中心. 索尼源流——从废墟上起步［M］. 北京：华夏出版社，1999.

［4］ 大西康之. 东芝解体：电器企业的消亡之日［M］. 徐文臻，译. 江苏：江苏人民出版社，2020.

［5］ 汤之上隆. 失去的制造业——日本制造业的败北［M］. 林曌，等译. 北京：机械工业出版社，2015.

［6］ 小田切宏之，后藤晃. 日本的技术与产业发展［M］. 周超，刘文武，肖丹，等译. 广州：广东人民出版社，2019.

［7］ 西村吉雄. 日本电子产业兴衰史［M］. 侯秀娟，译. 北京：人民邮电出版社，2016.

［8］ 阿伦·拉奥，皮埃罗·斯加鲁菲. 硅谷百年史［M］. 闫景立，侯爱华，译. 北京：人民邮电出版社，2014.

［9］ 傅高义. 日本第一［M］. 谷英，张柯，丹柳，译. 上海：上海译文出版社，2016.

［10］ 朱贻玮. 集成电路产业50年回眸［M］. 北京：电子工业出版社，2016.

［11］ 冯锦锋，郭启航. 芯路——一书读懂集成电路产业的现在与未来［M］. 北京：机械工业出版社，2020.

［12］ ANNE O KRUEGER. The Political Economy of Trade Protection［M］. Chicago：University of Chicago Press，1996.

［13］ DORINDA G DALLMEYER. The United States-Japan Semiconductor Accord of 1986：the Shortcomings of High-Tech Protectionism［J］. Maryland Journal of International Law，1986，13（2）.

［14］ RICHARD H STERN. Semiconductor Chip Protection ［M］. New York: Harcourt Brace/Aspen Law & Business, 1985.

［15］ STEVEN P KASCH. The Semiconductor Chip Protection Act: Past, Present, and Future ［J］. Berkley Technology Law, 1992 (7): 79-80.

［16］ ABRAHAMS, PAUL. Toshiba Soars As Deep Restructuring Bites ［J］. Financial Times, 1998.

［17］ BRUII, STEVEN V, ANDY REINHARDT. Toshiba's Digital Dreams ［J］. Business Week, 1997.

［18］ GUTH, ROBERT A. How Japan's Toshiba Got Its Focus Back ［J］. Wall Street Journal, 2000.

［19］ LANDERS, PETER. Broken Up: Japan's Biggest Players Get Serious About Restructuring ［J］. Far Eastern Economic Review, 1999.

［20］ DANIEL OKIMOTO. Competitive Edge: The Semiconductor Industry in the U. S. and Japan ［M］. Redwood city: Stanford University Press, 1984.

［21］ BOEING P. The allocation and effectiveness of China's R&D subsidies- Evidence from listed firms ［J］. Research Policy, 2016, 45 (9): 1774-1789.

［22］ CHO D, D KIM, D RHEE. Latecomer Strategies: Evidence from the Semiconductor Industry in Japan and Korea ［J］. Organization Science, 1998, 9 (4): 489-505.

［23］ BALDWIN, RICHARD E, PAUL R. Krugman. Market Access and International Competition: A Simulation Study of 16K Random Access Memories ［M］. New York: National Bureau of Economic Research, 1988.

［24］ DICK, ANDREW R. Learning by Doing and Dumping in the Semiconductor Industry ［J］. Journal of Law and Economics, 1991 (4): 133-159.

［25］ DIXIT, AVINASH. Comparative Statics for Oligopoly ［J］. International Economic Review, 1986 (2): 107-122.

［26］ KIMURA, YUI. The Japanese Semiconductor Industry: Structure, Competitive Strategies, and Performance ［M］. Greenwich: JAI Press. 1988.

［27］ MASON, MARK. American Multinationals and Japan: The Political Economy of Japanese Capital Controls, 1899—1980 ［M］. Cambridge: Harvard University Press, 1992.

［28］ NAKAGAWA, YASUZO. Semiconductor Developments ［M］. Tokyo: Diamond Publishing, 1985.

［29］ STAPPER C H. Evolution and Accomplishments of VLSI Yield Management at IBM ［J］. IBM Journal of Research and Development, 1982 (9): 532-544.

［30］ TILTON, JOHN E. International Diffusion of Technology: The Case of Semiconductors ［M］. Washington: The Brookings Institution, 1971.

［31］ U. S. International Trade Commission (USITC). Competitive Factors Influencing World Trade in Integrated Circuits ［M］. Ann Arbor: University of Michigan Library, 1979.

［32］ WILSON ROBERT W, PETER K ASHTON, THOMAS P EGAN. Innovation, Competition, and Government Policy in the Semiconductor Industry ［M］. Lexington: Lexington Books, 1980.